AF559146

Selbstgenähte
Garderobe nach Maß

RÖCKE, HOSEN, OBERTEILE UND KLEIDER IM BAUKASTEN-SYSTEM

stiebner

INHALT

4 EINFÜHRUNG

10 KLEIDER UND JUMPSUITS

58 BLUSEN

94 RÖCKE

126 JACKEN UND MÄNTEL

160 NÄHTECHNIKEN

174 BEZUGSQUELLEN UND DANK

EINFÜHRUNG

Schon seit einigen Jahren sind meine Webseite und meine Bücher eine Fundgrube für interessante Modelle, kreative Nähtipps und Anleitungen zu besonderen Techniken.

Wer mit dem Nähen beginnt, muss als Erstes einige Grundtechniken sowie den Umgang mit der Nähmaschine erlernen. So sind Abnäher, Schrägband, Popeline oder Jersey bald keine Fremdwörter mehr. Als Nächstes können Sie dann ganz individuelle und auf Ihre Figur abgestimmte Modelle schneidern, die sich vom Einheitsstil der Kleidung von der Stange abheben und Ihnen die ganze Welt der maßgeschneiderten Mode eröffnen.

In diesem Buch stelle ich Ihnen eine Mix-&-Match-Garderobe vor, die Sie je nach Geschmack, Figurtyp, Jahreszeit und persönlichem Stil individuell gestalten können. Es handelt sich nicht um fix und fertige Modelle, sondern um einzelne Bausteine von Halsausschnitten, Ärmeln, Röcken und Taillenbündchen – zeitlose Klassiker, immer wieder neu kombiniert!

Ob Sie klein oder groß sind, eine A-Figur oder eine V-Figur und eine kleine oder große Oberweite haben, stets finden Sie Anleitungen und Tipps zur Anpassung der Schnittmuster an Ihre persönlichen Maße.

Willkommen in der Welt des Maßschneiderns und viel Spaß beim Nähen!

Charlotte

Besuchen Sie Charlotte auf www.ateliercharlotteauzou.com. Teilen Sie Ihre Kreationen unbedingt in den sozialen Netzwerken. #ateliercharlotteauzou #magarderobesurmesure

ZUM GEBRAUCH DIESES BUCHES

Selbstgenähte Garderobe nach Maß ist in vier Themenbereiche unterteilt:

1 KLEIDER UND JUMPSUITS

2 BLUSEN

3 RÖCKE

4 JACKEN UND MÄNTEL

In jedem Kapitel finden Sie:

1 Fertig genähte Kreationen aus unterschiedlichen Stoffen zu Ihrer Inspiration.	**2** Verschiedene Varianten von Halsausschnitten, Ärmeln, Röcken ... für beliebig viele Kombinationen.
3 Ein Schnittmuster in Originalgröße ohne Nahtzugaben.	**4** Eine Materialliste und einen Zuschneideplan für jede Variante. Ein fertiges Modell wird also aus mindestens 2 Materiallisten und 2 Zuschneideplänen zusammengesetzt.
5 Schritt-für-Schritt-Anleitungen mit Fotografien zu Ihrer Orientierung bei der Anfertigung Ihrer persönlichen Kreation.	**6** Tipps zur Anpassung der Schnittmuster an Ihre persönlichen Maße.

GRÖSSENTABELLE

In der folgenden Tabelle werden die genauen Maße für jede Größe angegeben. Falls Sie genau zwischen zwei Größen liegen, wählen Sie die größere. Dann können Sie das Modell nach Fertigstellung immer noch anpassen.
Die Schnittmuster wurden für Frauen von 1,65 m Körpergröße entworfen und können je nach Größe gekürzt oder verlängert werden. In den Kapiteln finden Sie Tipps zur Anpassung der Schnittmuster an Ihre Maße.

EINHEIT cm	BRUST-UMFANG	TAILLEN-UMFANG	HÜFT-UMFANG	KONTUR-LINIE
XS/34	80	62	86	- - — - - — -
S/36	84	66	90	....
M/38	88	70	94	- - - - - - -
L/40	92	74	98	— — —
XL/42	96	78	102	—— ——
XXL/44	100	82	106	————

FIGURTYPEN

Mithilfe der Tipps unter „Wenn Sie genau zwischen zwei Größen liegen“, können Sie die Schnittmuster anpassen.

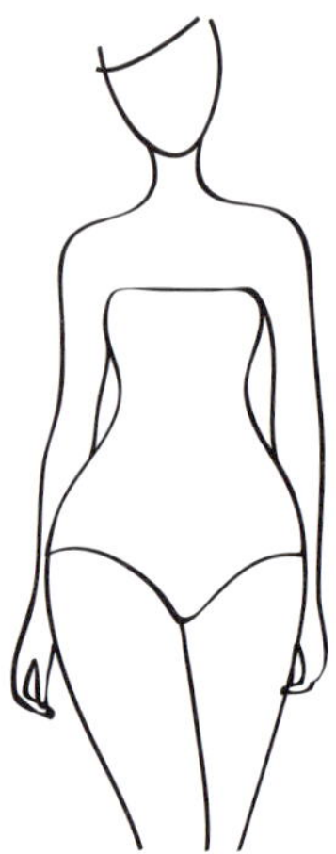

FIGURTYP A

Schmaler Oberkörper, kleine Oberweite, breite Hüften.

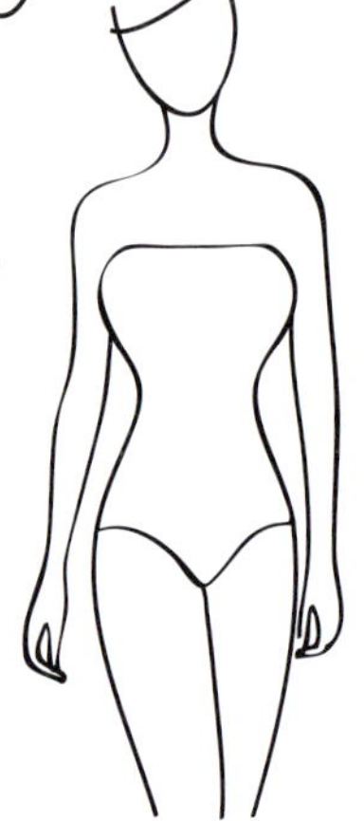

FIGURTYP V

Breite Schultern, schmale Hüften.

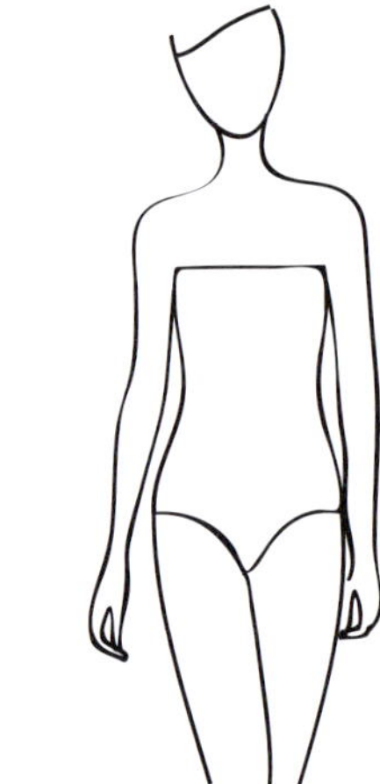

FIGURTYP H

Wenig ausgeprägte Taille, Schultern und Hüften etwa gleich breit.

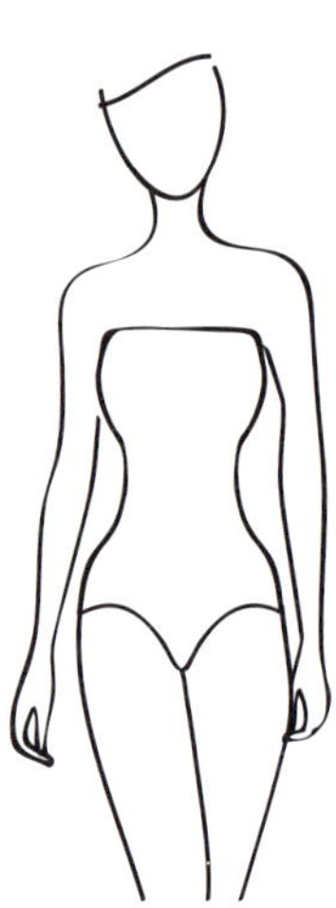

FIGURTYP X

Der diesem Buch zugrunde liegende Standardtyp. Es sind keine Schnittmusteranpassungen erforderlich.

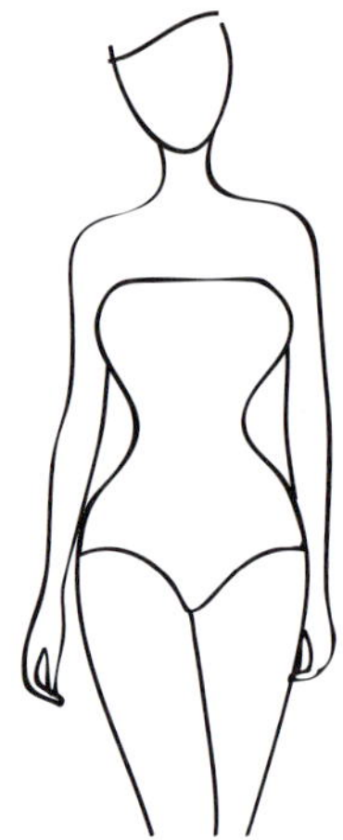

FIGURTYP 8

Sehr kurvenbetont mit ausgeprägter Taille und üppiger Ober- und Hüftweite.

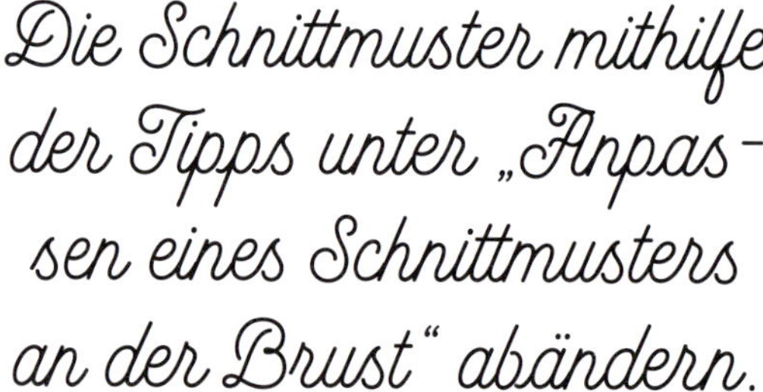

RICHTIG MASS NEHMEN

BRUSTUMFANG

Zum Messen des Brustumfangs wird das Maßband in Höhe der Brustspitzen genau waagrecht um den Körper gelegt, ohne es fest anzuziehen. Die Arme hängen locker herab.
Dazu wird dieselbe Art von Unterwäsche getragen wie später zu dem jeweiligen Modell.

KÖRBCHENGRÖSSE

Zum Ermitteln der Körbchengröße den Unterschied zwischen Brustumfang und Unterbrustumfang berechnen.
Körbchengrößen A und B: 13 bis 15 cm
Körbchengrößen C und D: 16 bis 19 cm

TAILLENUMFANG

Der Taillenumfang wird an der schmalsten Stelle der Taille gemessen, meist knapp unterhalb des Nabels. Dabei nicht den Bauch einziehen.

HÜFTUMFANG

Zum Messen des Hüftumfangs wird das Maßband an der stärksten Stelle des Gesäßes genau waagrecht um den Körper gelegt. Sicherheitshalber an mehreren Stellen in unterschiedlicher Höhe messen und das größte der Maße wählen.

KLEIDER UND JUMPSUITS

KREATION I

Oberteil 1
+
Unterteil 2
+
Taillenbund 2

Oberteil 1
SEITE 30
Taillenbund 2
SEITE 50
Unterteil 2
SEITE 42

KREATION 2

Oberteil 1
+
Unterteil 3
+
Taillenbund 1

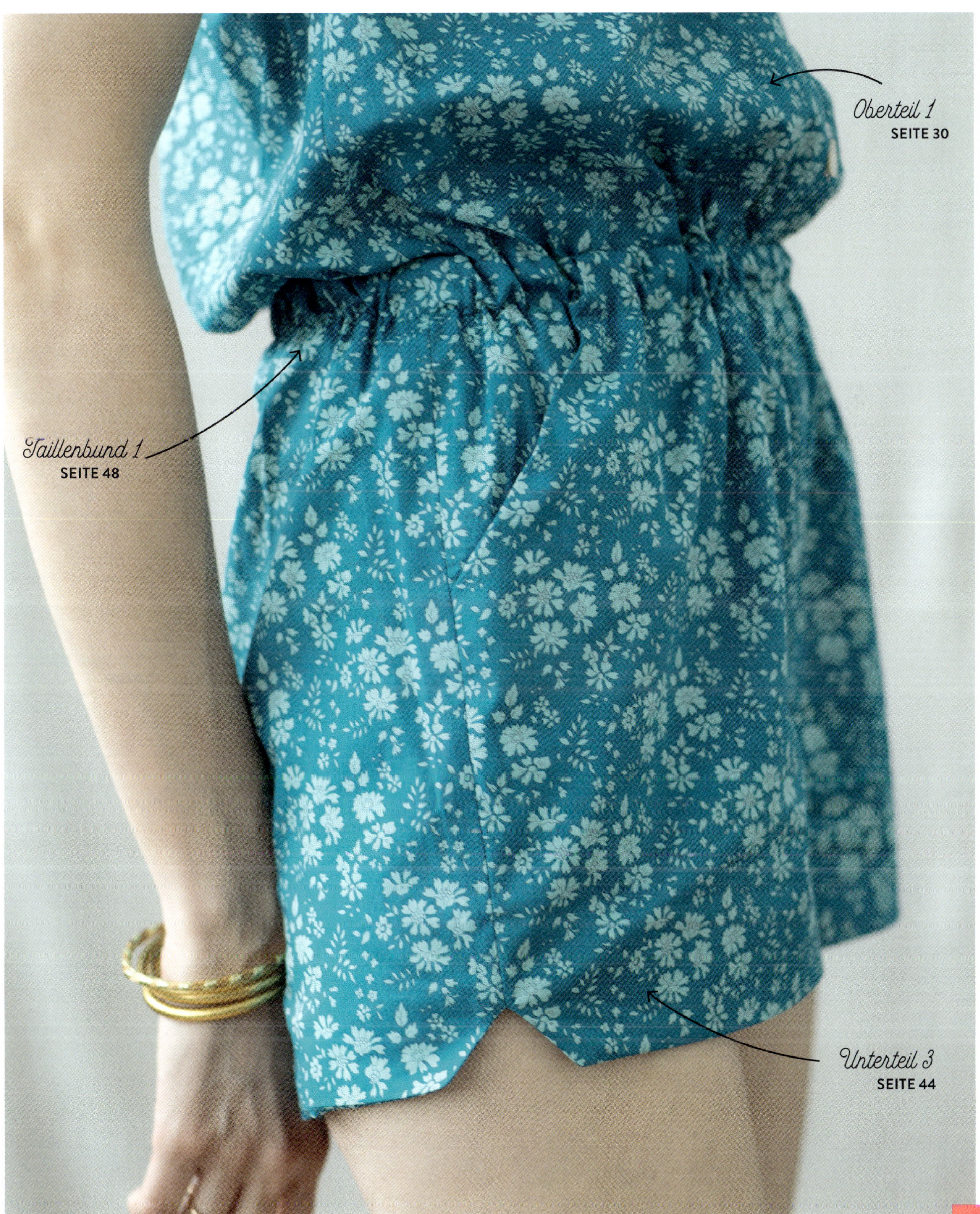
Oberteil 1
SEITE 30
Taillenbund 1
SEITE 48
Unterteil 3
SEITE 44

KREATION 3

Oberteil 3
+
Unterteil 3
+
Taillenbund 1

Oberteil 3
SEITE 36
Taillenbund 1
SEITE 48
Unterteil 3
SEITE 44

KREATION 4

Oberteil 4
+
Unterteil 4
+
Taillenbund 1

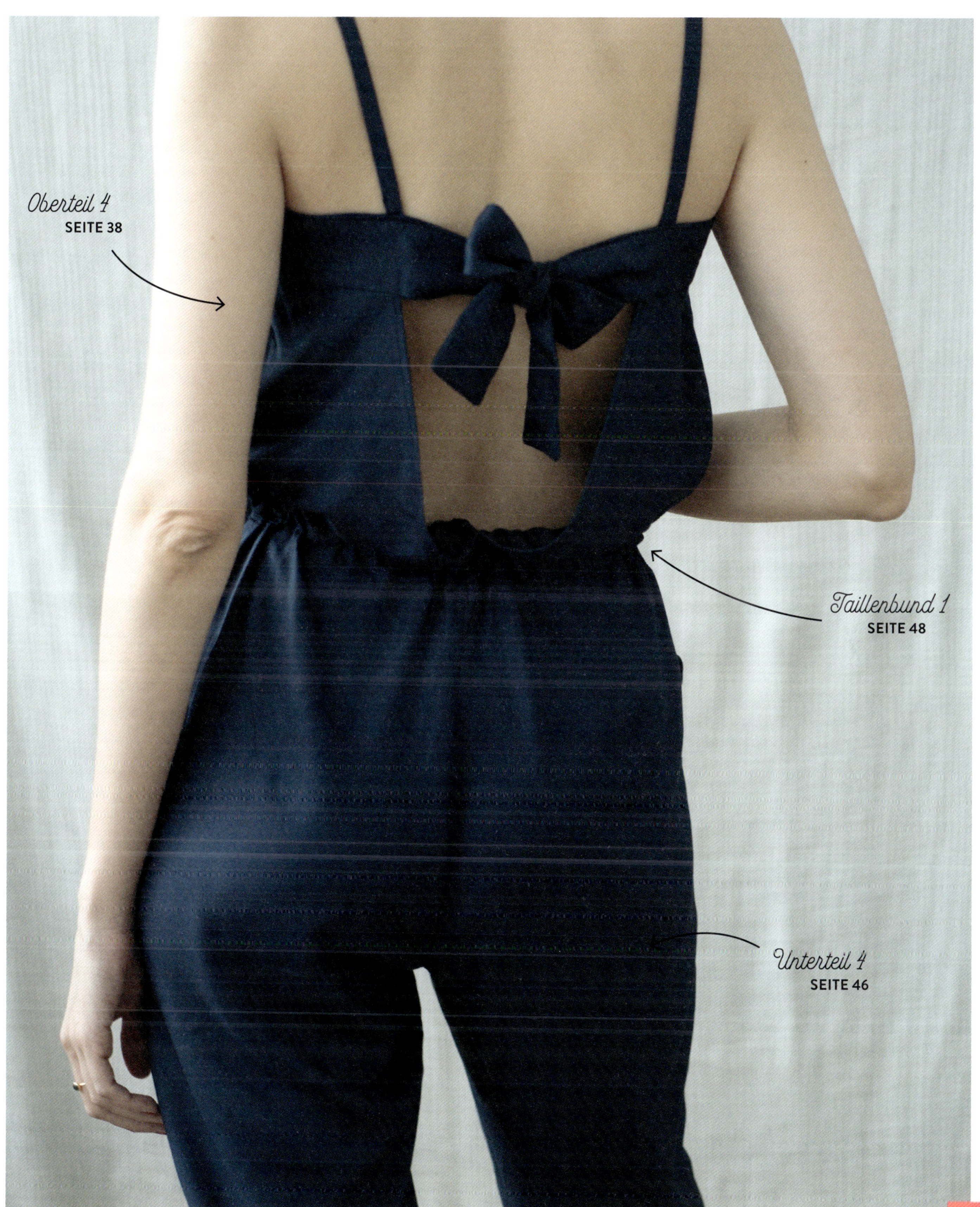
Oberteil 4
SEITE 38
Taillenbund 1
SEITE 48
Unterteil 4
SEITE 46

KLEIDER UND JUMPSUITS
KREATION 5
Oberteil 4
+
Unterteil 1
+
Taillenbund 1

Oberteil 4
SEITE 38
Taillenbund 1
SEITE 48
Unterteil 1
SEITE 40

KREATION 6

Oberteil 2
+
Unterteil 1
+
Taillenbund 2

Oberteil 2
SEITE 32
Taillenbund 2
SEITE 50
Unterteil 1
SEITE 40

KREATION 7

Oberteil 3
+
Unterteil 2
+
Taillenbund 1

Oberteil 3
SEITE 36
Taillenbund 1
SEITE 48
Unterteil 2
SEITE 42

KREATION 8

Oberteil 2
+
Unterteil 4
+
Taillenbund 1

Oberteil 2
SEITE 32
Taillenbund 1
SEITE 48
Unterteil 4
SEITE 46

KLEIDER UND JUMPSUITS

4 Oberteile, 4 Unterteile, 2 Bundvarianten, eine Vielzahl von Kombinationsmöglichkeiten!

Mixen Sie nach Lust und Laune und kreieren Sie ein kurzes oder langes Kleid oder aber einen Jumpsuit mit langer Hose oder Shorts. Die Stoffauswahl entscheidet mit darüber, ob Ihr Modell leger oder eleganter wirkt.

NÄHANLEITUNG

1 Wählen Sie für Ihre persönliche Kreation 1 Oberteil, 1 Unterteil und 1 Taillenbund aus.

2 Mithilfe der Größentabelle (S. 7) die Konfektionsgröße bestimmen.

3 Mit Seidenpapier die benötigten Schnittteile in der gewünschten Größe von den angegebenen Schnittmusterbogen abpausen.

4 Falls nötig, die Schnittmuster mithilfe der Tipps in diesem Buch an Ihre Maße anpassen.
- Anpassen eines Schnittmusters an der Brust, S. 52
- Wenn Sie genau zwischen zwei Größen liegen, S. 54
- Wenn Sie sehr klein oder sehr groß sind, S. 56

5 Zur Berechnung der insgesamt benötigten Stoffmenge die Angaben für die einzelnen Partien Ihrer persönlichen Kreation addieren. Den Stoff nach dem Zuschneideplan der gewählten Schnittteile (Oberteil, Unterteil und Taillenbund) zuschneiden.

6 Das Oberteil Ihrer persönlichen Kreation anfertigen.
- Oberteil 1, Seite 30
- Oberteil 2, Seite 32
- Oberteil 3, Seite 36
- Oberteil 4, Seite 38

7 Das Unterteil Ihrer persönlichen Kreation anfertigen.
- Unterteil 1, Seite 40
- Unterteil 2, Seite 42
- Unterteil 3, Seite 44
- Unterteil 4, Seite 46

8 Ober- und Unterteil an der Taille zusammennähen. Das Oberteil auf links wenden und das Unterteil so hineinschieben, dass die Seitennähte genau aufeinanderliegen. 1 cm von der Kante entfernt zusammensteppen, versäubern und bügeln.

9 Den Taillenbund Ihrer persönlichen Kreation anfertigen.
- Taillenbund 1, Seite 48
- Taillenbund 2, Seite 50

OBERTEIL I

V-Ausschnitt und Knopfverschluss

MATERIAL

1,10 m Stoff (Stoffbreite 1,40 m)
3 Knöpfe (Durchmesser 15 mm)
Bügeleinlage

STOFFEMPFEHLUNG

Weich fallende Kleiderstoffe, z. B. Viskosekrepp

SCHNITTTEILE

Bogen B und D, blaue Linien.
Der Stoff wird im Stoffbruch gelegt.

SCHNITTTEIL	ZUSCHNEIDEN	NAHTZUGABEN HINZUFÜGEN
Vorderteil	2x	Ringsum 1 cm
Rückenteil	1x im Stoffbruch	Ringsum 1 cm, außer am Stoffbruch
Vorderer Besatz	2x, mit Bügeleinlage verstärken	Ringsum 1 cm, außer an der Unterkante des Besatzes
Rückwärtiger Besatz	1x im Stoffbruch, mit Bügeleinlage verstärken	Ringsum 1 cm, außer am Stoffbruch und der Unterkante des Besatzes

ZUSCHNEIDEPLAN

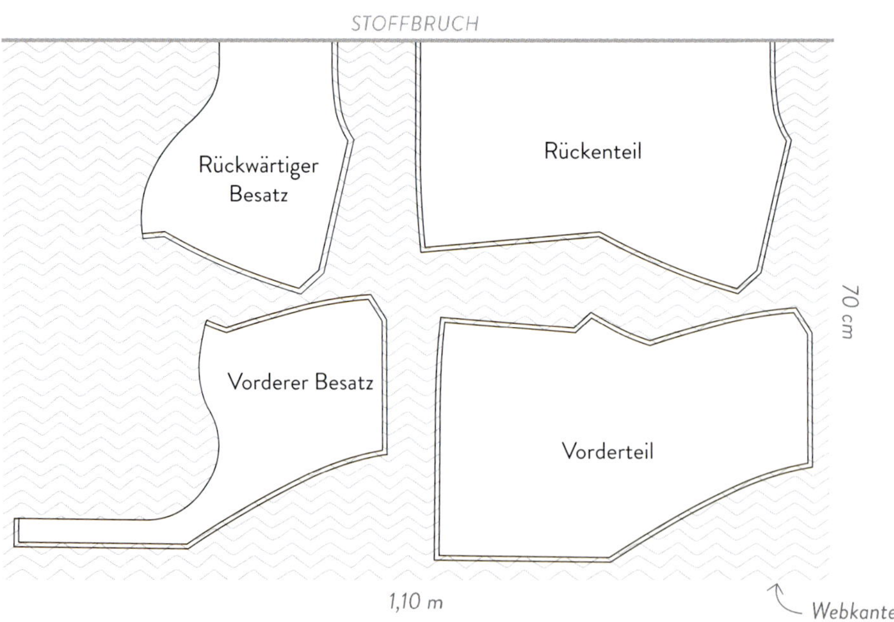

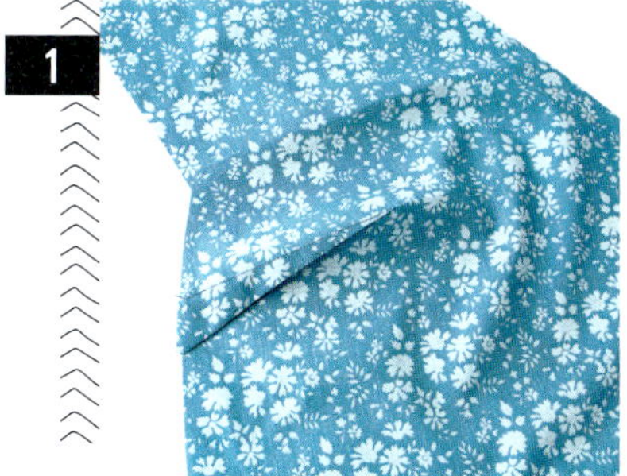

1

An den beiden Vorderteilen die Brustabnäher steppen.

2

Die Vorderteile an den Schultern rechts auf rechts an das Rückenteil stecken und mit 1 cm Nahtzugabe zusammensteppen, die Nahtzugaben auseinanderbügeln. Mit den 3 Besatzteilen ebenso verfahren.

3

Vorderen und rückwärtigen Besatz rechts auf rechts an den Halsausschnitt stecken und mit 1 cm Nahtzugabe feststeppen. Nahtzugaben an den Ecken schräg zurückschneiden und an den Rundungen einkerben.

4

Auf der Besatzseite möglichst dicht an der Naht absteppen, dabei die Nahtzugaben mit in der Naht fassen.

5

Die Arbeit erneut wenden, sodass Oberstoff und Besatz rechts auf rechts liegen (Schulternähte genau aufeinander). An den Armausschnitten zusammenstecken und mit 1 cm Nahtzugabe zwischen den beiden Passzeichen für die Armausschnitte (siehe Schnittmusterbogen) zusammensteppen. Zum Drehen des Stoffes an den Schultereinschnitten die Nadel im Stoff versenkt lassen und den Nähfuß anheben. Die Nahtzugaben an den Einschnitten auf 2 mm zurückschneiden.

6

Die Arbeit auf rechts wenden; dazu die Vorderteile durch die Öffnungen an den Schultern schieben. Bügeln, dabei die Schultereinschnitte schön ausformen.

7

Vorderteile und Rückenteil an den Seiten so zusammenstecken, dass die Armausschnittnähte genau aneinanderstoßen. Mit 1 cm Nahtzugabe zusammensteppen, versäubern, Nahtzugaben nach hinten umbügeln. Den Besatz mit einigen Stichen von Hand an den Seitennähten befestigen.

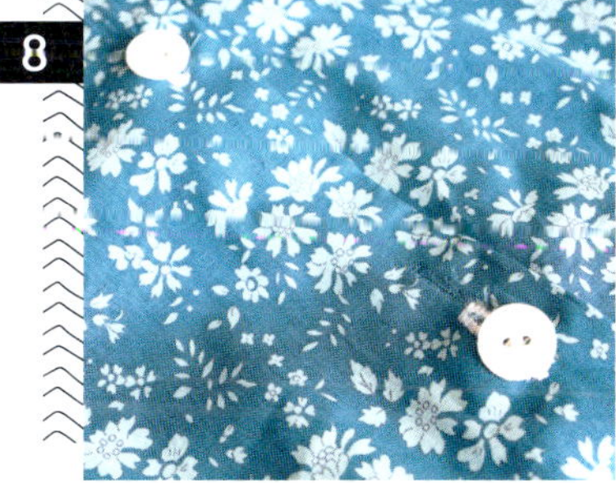

8

Am rechten Vorderteil an den auf dem Schnittmuster markierten Stellen die Knopflöcher arbeiten. Gegenüber die Knöpfe von Hand annähen.

OBERTEIL 2

Hakenverschluss mit Schleifchen am Rücken

MATERIAL

1,10 m Stoff (Stoffbreite 1,40 m)
3 Hakenverschlüsse (Haken und Ösen)
Bügeleinlage

STOFFEMPFEHLUNG

Weich fallende Kleiderstoffe,
z. B Batist, Liberty Tana Lawn

SCHNITTTEILE

Bogen A und D, blaue Linien.
Der Stoff wird im Stoffbruch gelegt.

SCHNITTTEIL	ZUSCHNEIDEN	NAHTZUGABEN HINZUFÜGEN
Vorderteil	1x im Stoffbruch	Ringsum 1 cm, außer am Stoffbruch
Rückenteil	2x	Ringsum 1 cm
Vorderer Besatz	1x im Stoffbruch, mit Bügeleinlage verstärken	Ringsum 1 cm, außer am Stoffbruch und der Unterkante des Besatzes
Rückwärtiger Besatz	2x, mit Bügeleinlage verstärken	Ringsum 1 cm, außer an der Unterkante des Besatzes
Schleife	Direkt auf den Stoff zeichnen: 6 Rechtecke à 4 x 9 cm	Ringsum 0,5 cm

ZUSCHNEIDEPLAN

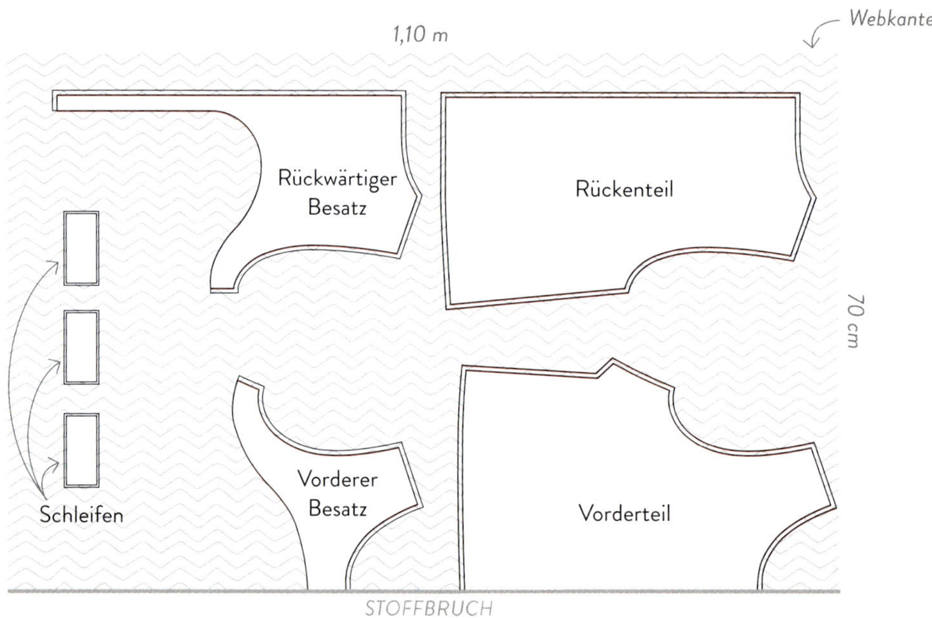

1

Am Vorderteil die Brustabnäher steppen.

2

Vorderteile an den Schultern rechts auf rechts an das Rückenteil stecken. Mit 1 cm Nahtzugabe zusammensteppen, Nahtzugaben auseinanderbügeln. Mit den 2 Besatzteilen ebenso verfahren.

3

Den Besatz an Vorderteilen und Rückenteil rechts auf rechts an den Halsausschnitt und die rückwärtige Mitte stecken und mit 1 cm Nahtzugabe feststeppen. Nahtzugaben an den Ecken schräg zurückschneiden und an den Rundungen einkerben.

4

Auf der Besatzseite möglichst dicht an der Naht am Halsausschnitt absteppen, dabei die Nahtzugaben mit in der Naht fassen.

OBERTEIL 2

Hakenverschluss mit Schleifchen am Rücken

5

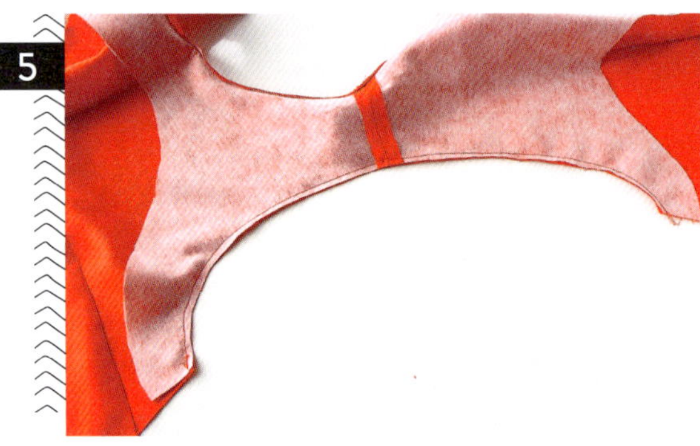

Die Arbeit erneut wenden, sodass Oberstoff und Besatz rechts auf rechts liegen (Schulternähte genau aufeinander). An den Armausschnitten zusammenstecken und mit 1 cm Nahtzugabe zusammensteppen. Nahtzugaben auf 2 mm zurückschneiden.

6

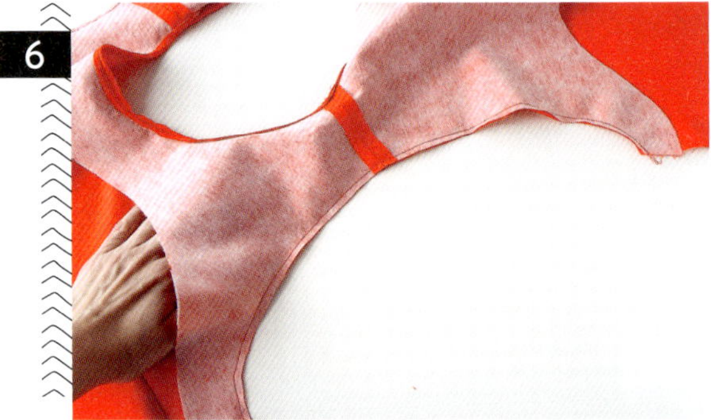

Die Arbeit durch die Öffnungen an den Schultern auf rechts wenden, bügeln.

7

Die Vorderteile an den Seiten rechts auf rechts so an das Rückenteil stecken, dass die Armausschnittnähte genau aneinanderstoßen und mit 1 cm Nahtzugabe zusammensteppen.

8

Versäubern und die Nahtzugaben nach hinten umbügeln. Den Besatz mit einigen Stichen von Hand an den Seitennähten befestigen.

9

Drei Stoffschleifen anfertigen. Dazu je 2 Rechtecke rechts auf rechts aufeinanderstecken und bis auf eine Öffnung von einigen Zentimetern ringsum mit 0,5 cm Nahtzugabe zusammensteppen. Nahtzugaben an den Ecken schräg zurückschneiden. Die Schleifen auf rechts wenden und so bügeln, dass der Falz die Naht verdeckt. Die Öffnung mit der Maschine oder mit unsichtbaren Stichen von Hand zunähen. Die Schleifen in der Mitte zusammendrücken und die Fältchen mit einigen Stichen von Hand fixieren.

10

Die Schleifen von Hand an den auf dem Schnittmuster markierten Stellen annähen; auf der Innenseite die Haken und Ösen anbringen.

OBERTEIL 3

Amerikanischer Ausschnitt und Rüschen

MATERIAL 1,10 m Stoff (Stoffbreite 1,40 m)

STOFFEMPFEHLUNG Weich fallende Kleiderstoffe, z.B. Viskose, Viskosekrepp

SCHNITTTEILE Bogen B und D, blaue Linien.
Der Stoff wird im Stoffbruch gelegt.

SCHNITTTEIL	ZUSCHNEIDEN	NAHTZUGABEN HINZUFÜGEN
Vorderteil	1x im Stoffbruch	Ringsum 1 cm, außer am Stoffbruch
Rückenteil	2x	Ringsum 1 cm
Vorderer Besatz	1x im Stoffbruch	Ringsum 1 cm, außer am Stoffbruch und der Unterkante des Besatzes
Rückwärtiger Besatz	2x	Ringsum 1 cm, außer an der Unterkante des Besatzes
Rüsche	Direkt auf den Stoff zeichnen: 1 Streifen à 3 x 99 cm (36) – 123 cm (44), 2 Streifen à 3 x 56 cm (36) – 67 cm (44)	Ringsum 1 cm
Bindeband	Direkt auf den Stoff zeichnen: 1 Streifen à 2 x 140 cm	Ringsum 1 cm

ZUSCHNEIDEPLAN

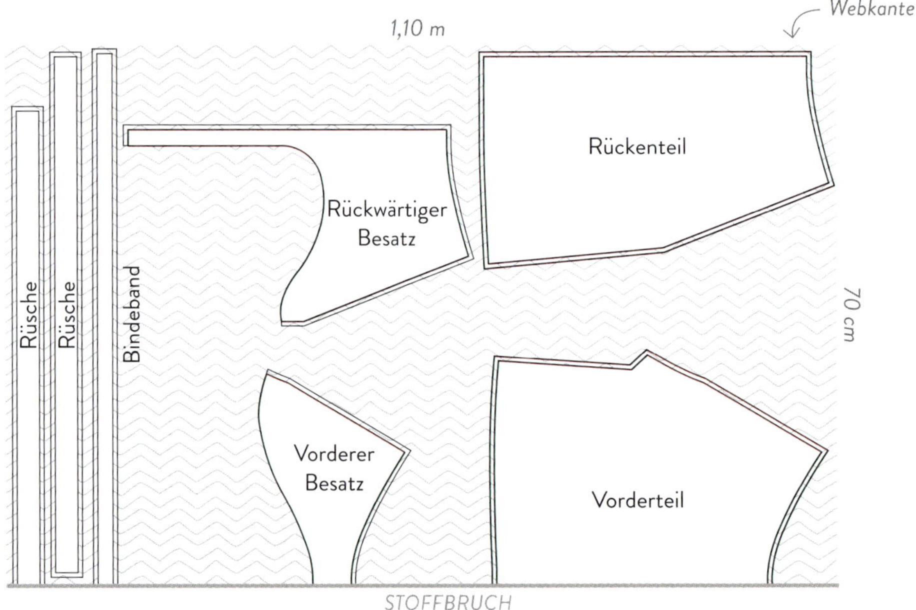

1

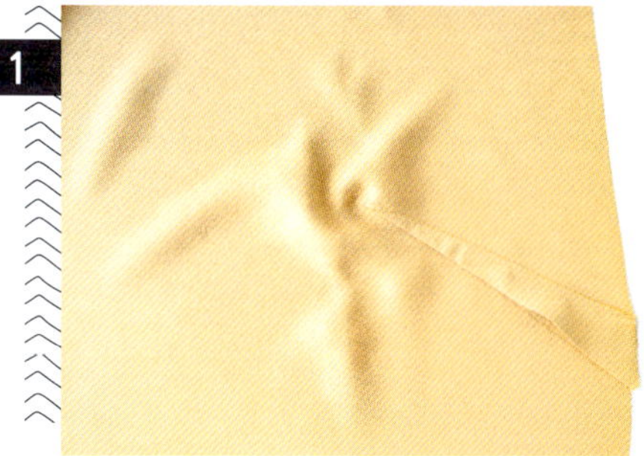

Am Vorderteil die Brustabnäher steppen.

2

Die Streifen für die Rüsche in der Mitte längs rechts auf rechts falten. 0,5 cm von der Unterkante entfernt im Geradstich eine Kräuselnaht anbringen und einkräuseln.

3

Die Rüsche am Vorderteil feststecken, dabei die Fältchen gleichmäßig verteilen. Die Rüschen werden an Halsausschnitt und Armausschnitten jeweils bis zu den Passzeichen (siehe Schnittmuster) angebracht. Mit 1 cm Nahtzugabe feststeppen. Die Rüschen an den beiden Rückenteilen ebenso anbringen.

4

Den vorderen Besatz rechts auf rechts an das Vorderteil stecken. Der Besatz wird nicht verstärkt, damit er schön weich fällt. Mit 1 cm Nahtzugabe zusammennähen, dabei genau auf der ersten Naht steppen. Oben am Vorderteil zwei Öffnungen für das Bindeband lassen. Rückenteile ebenso zusammennähen und jeweils eine Öffnung lassen.

5

Auf rechts wenden und den Tunnelsaum 2 cm von der Oberkante von Vorderteil und Rückenteilen entfernt absteppen.

6

Rückenteile an den Seiten rechts auf rechts so an das Vorderteil stecken, dass die Armausschnittnähte genau aneinanderstoßen. Mit 1 cm Nahtzugabe zusammensteppen, versäubern und bügeln.

7

Das Bindeband anfertigen und mithilfe einer Sicherheitsnadel in den Tunnelsaum einziehen, in der Rückenmitte binden.

OBERTEIL 4

Rückenfrei mit schmalen Trägern

MATERIAL 60 cm Stoff (Stoffbreite 1,40 m)
Bügeleinlage

STOFFEMPFEHLUNG Weich fallende Kleiderstoffe, z. B. Viskose, Liberty Tana Lawn

SCHNITTTEILE Bogen C, blaue Linien.
Der Stoff wird im Stoffbruch gelegt.

SCHNITTTEIL	ZUSCHNEIDEN	NAHTZUGABEN HINZUFÜGEN
Vorderteil	1x im Stoffbruch	Ringsum 1 cm, außer am Stoffbruch
Rückenteil	2x	Ringsum 1 cm
Bindeband	Direkt auf den Stoff zeichnen: 2 Streifen à 5 x 140 cm	Ringsum 1 cm, außer am Stoffbruch
Träger	Direkt auf den Stoff zeichnen: 2 Streifen à 2 x 33 cm (34), 34 cm (36), 35 cm (38), 36 cm (40), 37 cm (42), 38 cm (44)	Ringsum 1 cm

ZUSCHNEIDEPLAN

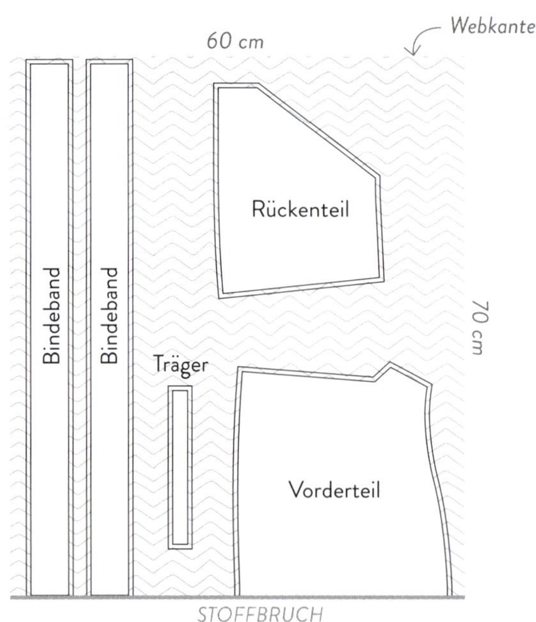

1

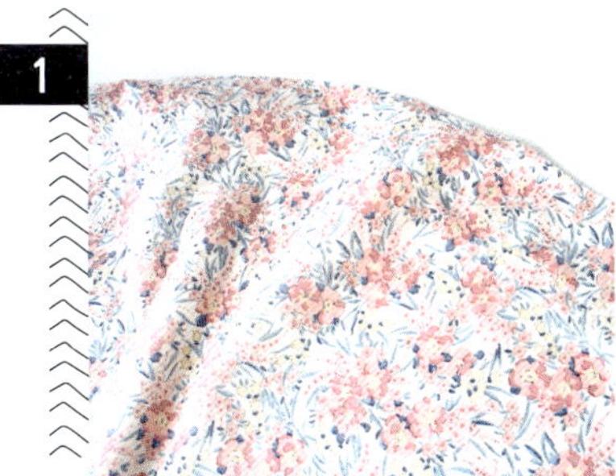

Am Vorderteil die Brustabnäher steppen.

2

An der Oberkante der beiden Rückenteile einen 1 cm breiten Saum nähen. Falls Ihr Stoff im schragen Fadenlauf stark nachgibt, empfiehlt es sich, diese Partie mit Nahtband zum Aufbügeln zu verstärken, damit sie sich nicht ausdehnt.

3

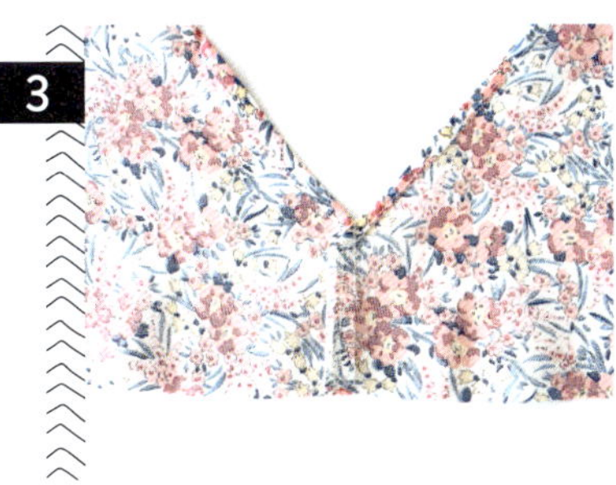

Die beiden Rückenteile an der Mitte rechts auf rechts zusammenstecken, mit 1 cm Nahtzugabe zusammensteppen, versäubern und bügeln. Ebenso Rückenteile und Vorderteil an den Seiten zusammenfügen.

4

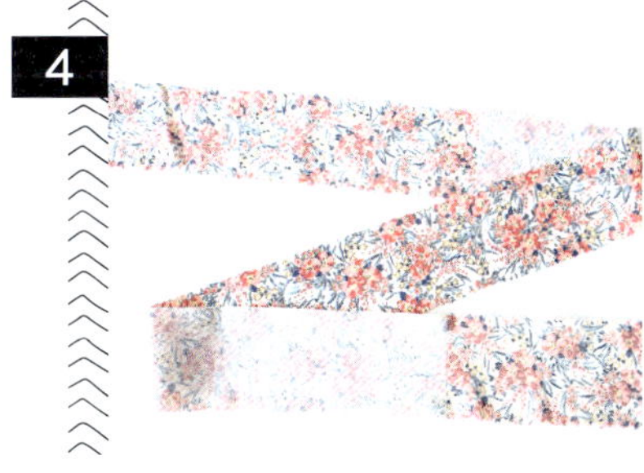

Die mittlere Partie der Bindebänder auf einer Breite, die der von Vorderteil und Rückenteilen (bis zum Rückenausschnitt) entspricht, mit Bügeleinlage verstärken.

5

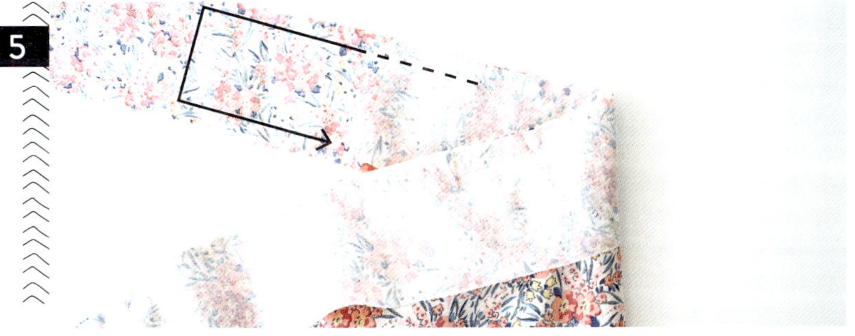

Die Bindebänder rechts auf rechts genau aufeinanderlegen und die Partie aus Vorder- und Rückenteilen so dazwischenschieben, dass die Bänder beidseits gleich lang überstehen.

Mit 1 cm Nahtzugabe zusammensteppen. Mit dieser Naht werden die Bänder an das Oberteil genäht, aber auch die Partien zum Binden zusammengenäht.

6

Beide Hälften des Bindebands nach oben umschlagen und die offenen Kanten 1 cm nach innen umbügeln.

7

Zwei jeweils 1 cm breite Träger anfertigen und diese entsprechend den Markierungen auf dem Schnittmusterbogen (an Vorder- und Rückenteil) in das Bindeband einlegen.

8

Die Oberkante des Bindebands möglichst knappkantig zusammennähen.

UNTERTEIL I

Skater-Rock

MATERIAL 1,20 m Stoff (Stoffbreite 1,40 m)

STOFFEMPFEHLUNG Weich fallende Kleiderstoffe z. B. Baumwollserge;

Stoffe mit leichtem Stand, z. B. leichter Baumwolltwill

SCHNITTTEILE Bogen C, rosa Linien.
Der Stoff wird im Stoffbruch gelegt.

SCHNITTTEIL	ZUSCHNEIDEN	NAHTZUGABEN HINZUFÜGEN
Vorderteil	1x im Stoffbruch	Ringsum 1 cm, außer am Stoffbruch
Rückenteil	1x im Stoffbruch	Ringsum 1 cm, außer am Stoffbruch

ZUSCHNEIDEPLAN

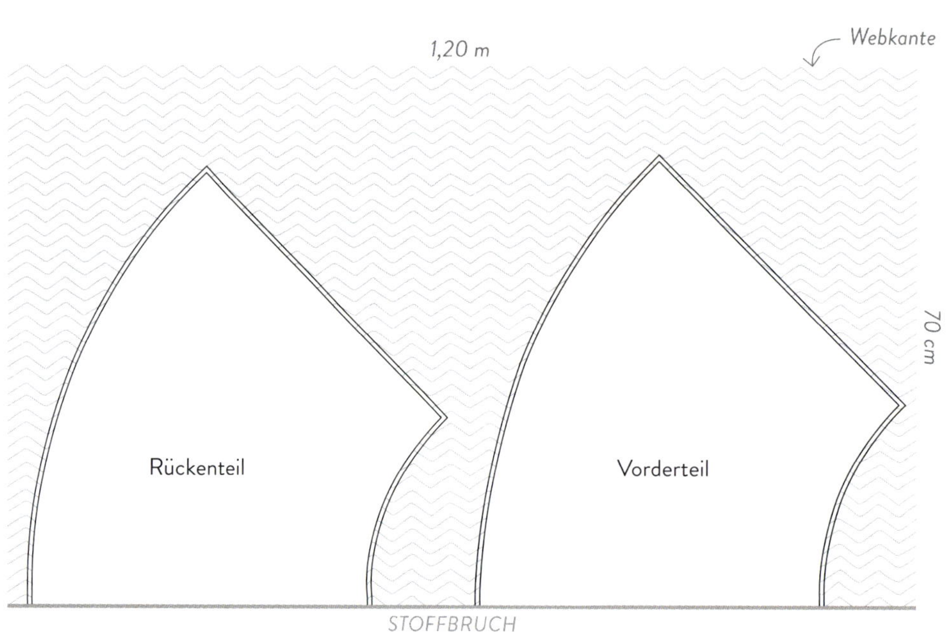

1

Vorder- und Rückenteil an den Seiten rechts auf rechts zusammenstecken. Mit 1 cm Nahtzugabe zusammensteppen, versäubern und bügeln.

2

Im Geradstich im Abstand von 0,5 cm entlang der Unterkante eine Naht anbringen. Diese Hilfsnaht dient zur Orientierung beim Nähen des Saumes.

3

Den Saum so nach innen umbügeln, dass der Falz die Naht verdeckt, dann die Kante ringsum auf 3 mm ab der Hilfsnaht zurückschneiden.

4

Nochmals 3 mm nach innen einschlagen und den Saum feststeppen.

UNTERTEIL 2

Langer Rock mit Seitenschlitzen

MATERIAL 1,10 m Stoff (Stoffbreite 1,40 m)

Der Stoff wird im Stoffbruch gelegt (Stoff von beiden Seiten zur Mitte gefaltet).

SCHNITTTEIL	ZUSCHNEIDEN	NAHTZUGABEN HINZUFÜGEN
Vorderteil	Direkt auf den Stoff zeichnen, 1x im Stoffbruch	Ringsum 1 cm, außer am Stoffbruch 2 cm für den Saum
Rückenteil	Direkt auf den Stoff zeichnen, 1x im Stoffbruch	Ringsum 1 cm, außer am Stoffbruch 2 cm für den Saum

Ohne Nahtzugaben:
Beginn der Seitenschlitze: 45 cm unterhalb der Taillenlinie

ROCKLÄNGE: 98 cm BEI KONFEKTIONSGRÖSSE	BREITE DES VORDERTEILS IM STOFFBRUCH	BREITE DES RÜCKENTEILS IM STOFFBRUCH
34	24 cm	22 cm
36	25 cm	23 cm
38	26 cm	24 cm
40	27 cm	25 cm
42	28 cm	26 cm
44	29 cm	27 cm

ZUSCHNEIDEPLAN

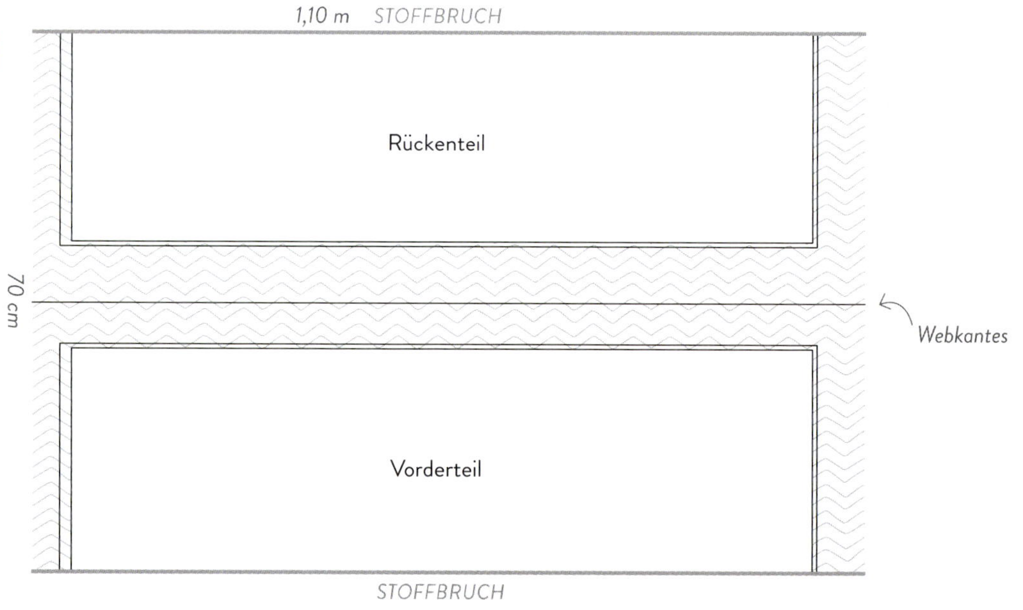

1,10 m STOFFBRUCH

Rückenteil

70 cm

Webkantes

Vorderteil

STOFFBRUCH

1

Die Seiten von Vorder- und Rückenteil versäubern.

2

Vorder- und Rückenteil an den Seiten bis 45 cm unterhalb der Taille zusammenstecken. Mit 1 cm Nahtzugabe zusammennähen.

3

Die Enden der Seitennähte mit Rückstichen verstärken.

4

Die Nahtzugaben auseinanderbügeln; die Kanten der Schlitze 1 cm nach innen umbügeln.

5

Den Umschlag an den Schlitzen mit 0,5 cm Abstand vom Umbruch feststeppen. Am oberen Ende des Schlitzes zum Drehen des Stoffes die Nadel im Stoff versenkt lassen und den Nähfuß anheben.

6

Die 2 cm Saumzugabe zum doppelten Saum einschlagen und feststeppen.

UNTERTEIL 3

Shorts für Jumpsuit

MATERIAL 80 cm Stoff (Stoffbreite 1,40 m)
Bügeleinlage

STOFFEMPFEHLUNG Weich fallende Kleiderstoffe, z. B. Viskose, leichte Bauwollstoffe wie Liberty Tana Lawn

SCHNITTTEILE Bogen A, B & D, rosa Linien.
Der Stoff wird im Stoffbruch gelegt.

SCHNITTTEIL	ZUSCHNEIDEN	NAHTZUGABEN HINZUFÜGEN
Vorderteil	2x	Ringsum 1 cm
Rückenteil	2x	Ringsum 1 cm
Vorderer Besatz	2x, mit Bügeleinlage verstärken	Ringsum 1 cm, außer an der Oberkante des Besatzes
Rückwärtiger Besatz	2x	Ringsum 1 cm, außer an der Oberkante des Besatzes
Tasche	2x	Ringsum 1 cm
Taschenboden	2x	Ringsum 1 cm

ZUSCHNEIDEPLAN

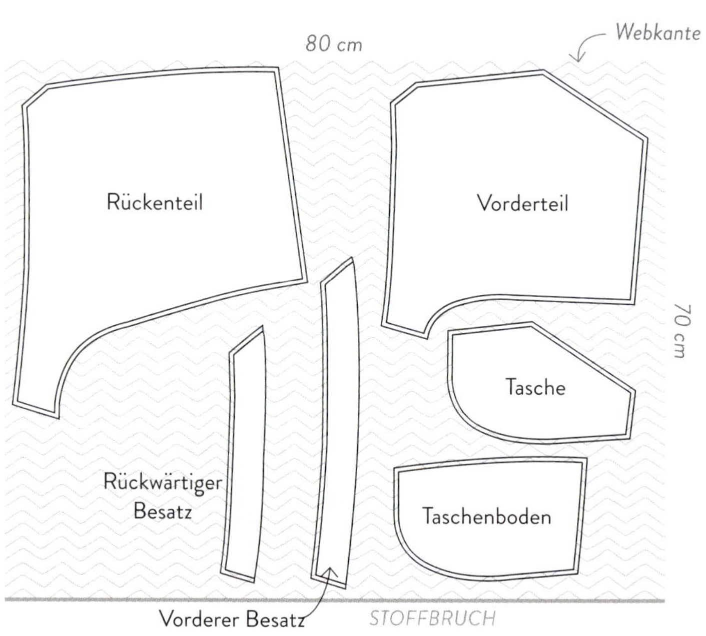

1

Die Taschen an den Vorderteilen nähen, wie am Unterteil 4 (S. 46) beschrieben.

2

Die beiden Vorderteile an der Vorderhosennaht (Mittelnaht) zusammenstecken. Mit 1 cm Nahtzugabe zusammensteppen, versäubern und bügeln.

Die Rückenteile an der Gesäßnaht ebenso zusammennähen.

3

Vorder- und Hinterhose an den Seiten und im Schritt (Schrittnaht) so zusammenstecken, dass Vorderhosen- und Gesäßnaht genau aneinanderstoßen. Mit 1 cm Nahtzugabe zusammensteppen, versäubern, bügeln.

4

Vorderen und rückwärtigen Besatz rechts auf rechts legen und an den Schmalseiten zusammenstecken, mit 1 cm Nahtzugabe zusammensteppen. Nahtzugaben auseinanderbügeln und die Oberkante der Besätze versäubern.

5

Die Besätze rechts auf rechts kantenbündig so an die Oberkante der Hose stecken, dass die Seitennähte genau aufeinanderliegen.

Mit 1 cm Nahtzugabe zusammensteppen. An den kleinen Seitenschlitzen zum Drehen des Stoffes die Nadel im Stoff versenkt lassen und den Nähfuß anheben. Ecken der Nahtzugaben schräg abschneiden.

6

Die Besätze auf die Innenseite umbügeln.

Zur Befestigung der Besätze die Nahtzugaben von Hose und Besätzen von Hand zusammennähen. Sie können auch die gesamte Kante der Besätze mit unsichtbaren Stichen am Oberstoff festnähen, damit sie nicht nach unten klappen.

UNTERTEIL 4

Lange Hose für Jumpsuit

MATERIAL 1,80 m Stoff (Stoffbreite 1,40 m)

STOFFEMPFEHLUNG Weich fallende Kleiderstoffe, z. B. Viskose, Viskosekrepp

SCHNITTTEILE Bogen A, B & D, rosa Linien.
Der Stoff wird im Stoffbruch gelegt.

SCHNITTTEIL	ZUSCHNEIDEN	NAHTZUGABEN HINZUFÜGEN
Vorderteil	2x	Ringsum 1 cm 2 cm für den Saum
Rückenteil	2x	Ringsum 1 cm 2 cm für den Saum
Tasche	2x	Ringsum 1 cm
Taschenboden	2x	Ringsum 1 cm

ZUSCHNEIDEPLAN

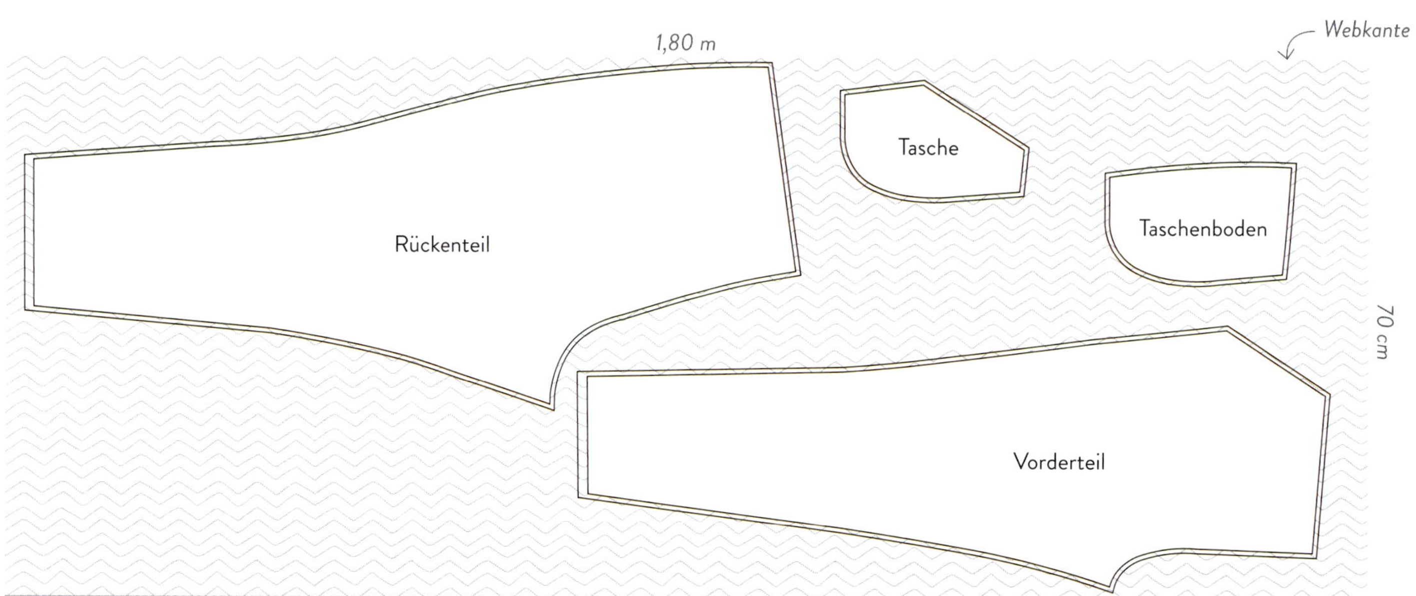

1

Je eine Tasche und einen Taschenboden rechts auf rechts kantenbündig zusammenstecken. Mit 1 cm Nahtzugabe zusammensteppen, versäubern und bügeln.

2

Die Taschen rechts auf rechts kantenbündig an die Vorderteile stecken. Mit 1 cm Nahtzugabe feststeppen, versäubern und bügeln. Seitennaht der Taschen absteppen, Nahtzugaben dabei in der Naht fassen.

3

Die Taschen nach innen schlagen und 0,5 cm von der Kante entfernt an der Oberkante und der Seitennaht feststeppen.

4

Die beiden Vorderteile rechts auf rechts an der Vorderhosennaht zusammenstecken. Mit 1 cm Nahtzugabe zusammennähen, versäubern und bügeln.

Die beiden Rückenteile an der Gesäßnaht ebenso verbinden.

5

Vorder- und Hinterhose an den Seiten- und Schrittnähten zusammennähen; dabei darauf achten, dass die Vorderhosen- und Gesäßnaht genau aneinanderstoßen.

6

Den unteren Saum zweimal 1 cm nach innen umschlagen und feststeppen.

TAILLENBUND I

Tunnelsaum mit Gummiband

MATERIAL 5 cm Stoff (Stoffbreite 1,40 m)
1 m flaches Gummiband (Breite 1 cm)

Das Schnittteil wird direkt auf den Stoff gezeichnet.

BREITE 4 cm INKL. NAHTZUGABEN BEI KONFEKTIONSGRÖSSE	LÄNGE DES STOFFES INKL. NAHTZUGABEN	LÄNGE DES GUMMIBANDS BEI 1 cm BREITE
34	94 cm	62 cm
36	98 cm	66 cm
38	102 cm	70 cm
40	106 cm	74 cm
42	110 cm	78 cm
44	114 cm	82 cm

ZUSCHNEIDEPLAN

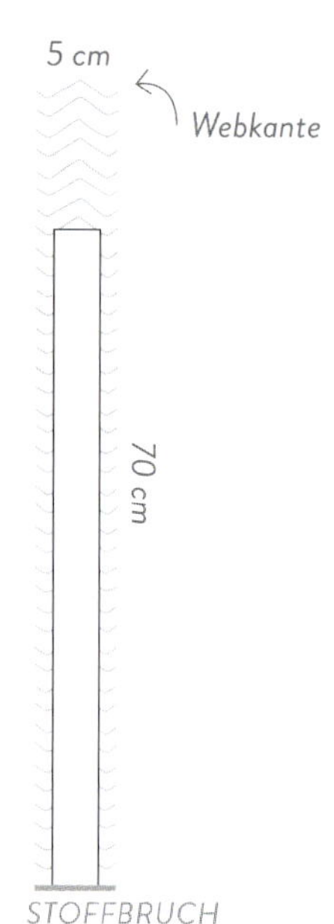

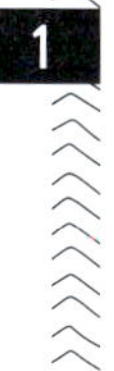

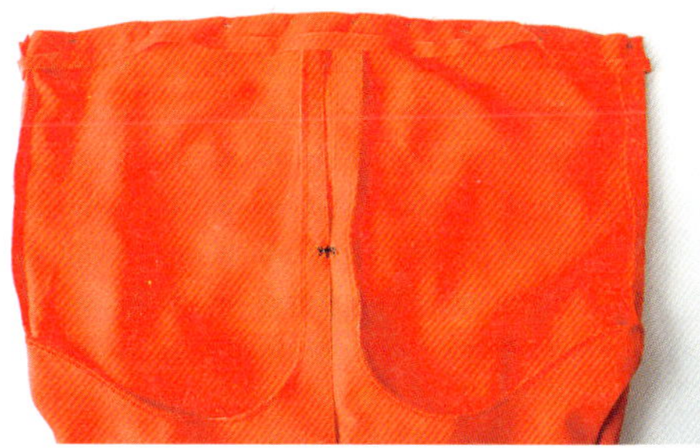

Den Tunnelsaum an der Schmalseite zusammennähen, eine Längsseite 1 cm nach innen umbügeln. Den Bund an die Taillennaht (S. 29, 8) stecken. Das Unterteil liegt auf rechts, das Oberteil auf links, die umgebügelte Kante zeigt nach unten.

2

Genau auf der bereits vorhandenen Taillennaht feststeppen. Der Tunnelsaum sitzt später auf der Innenseite.

3

Den Tunnelsaum über die Nahtzugaben zum Unterteil hin umschlagen. Möglichst knappkantig feststeppen, dabei eine Öffnung von einigen Zentimetern lassen.

4

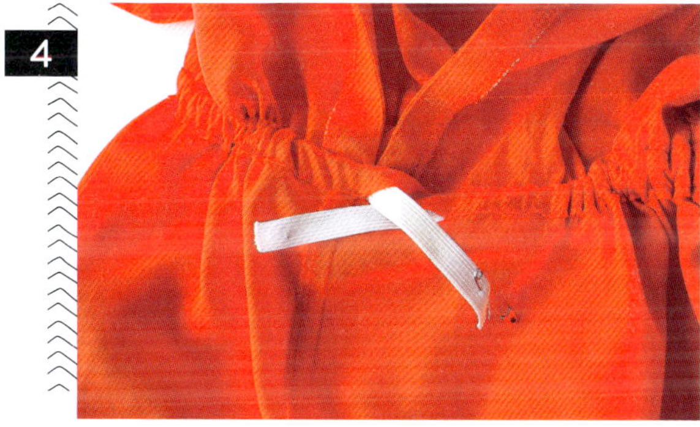

Mithilfe einer Sicherheitsnadel das Gummiband in den Tunnelsaum einziehen. Das freie Ende des Gummibands dabei gut festhalten oder fixieren. Das Modell anprobieren, um das Gummiband auf die gewünschte Taillenweite zu kürzen.

5

Die Enden des Gummibands flach zusammennähen. Die Öffnung des Tunnelsaums schließen.

TAILLENBUND 2

Gürtel mit Schnalle und Gürtelschlaufen

MATERIAL

5 cm Stoff (Stoffbreite 1,40 m)
Feste Gewebeeinlage
1 Gürtelschnalle

STOFFEMPFEHLUNG

Passend zum Hauptstoff

SCHNITTTEILE

Bogen C, blaue Linien.
Der Stoff wird nicht im Stoffbruch zugeschnitten.

ZUSCHNEIDEPLAN

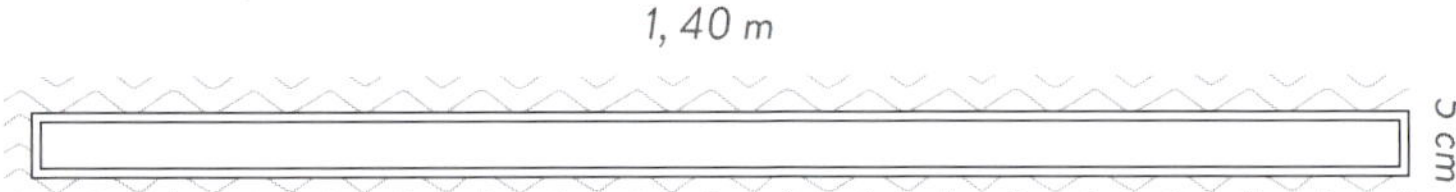

1

Den Stoffstreifen rechts auf rechts längs in der Mitte falten. 1,5 cm vom Falz entfernt zusammensteppen. Die Gürtelbreite richtet sich nach der Breite der Schnalle – ansonsten die Gürtelbreite entsprechend anpassen.

2

Mithilfe einer Wendenadel den Gürtel wenden.

3

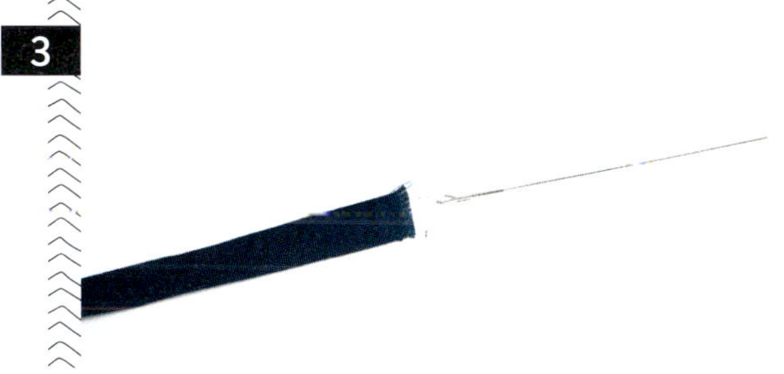

Aus der festen Gewebeeinlage einen Streifen von 1,5 x 90 cm zuschneiden und mithilfe der Wendenadel in den Gürtel einziehen.

4

Gemäß der Markierung auf dem Schnittmuster ein Knopfloch nähen.

5

Zur Befestigung der Schnalle am Gürtel den Haken der Schnalle durch das Knopfloch schieben und den Gürtel mit einigen Handstichen festnähen.

6

Gemäß den Passzeichen auf dem Schnittmuster mit der Maschine die Gürtellöcher nähen und mit einer spitzen Schere aufschneiden.

7

Das freie Gürtelende umschlagen und von Hand festnähen.

8

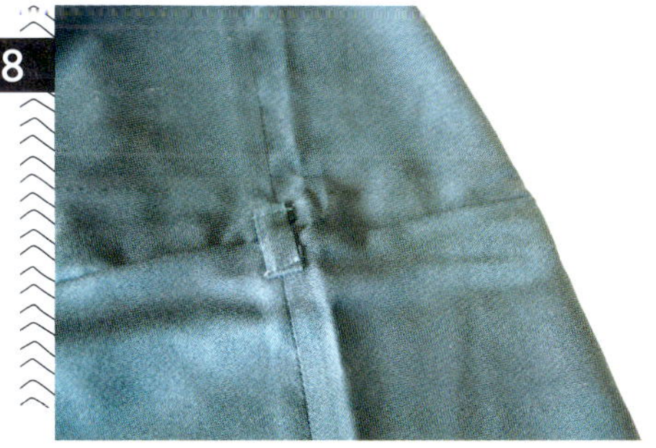

Zwei Gürtelschlaufen von 1 cm Breite und 5 cm Länge anfertigen und auf den Seitennähten annähen.

Fall 1: Der Brustabnäher sitzt zu hoch

1

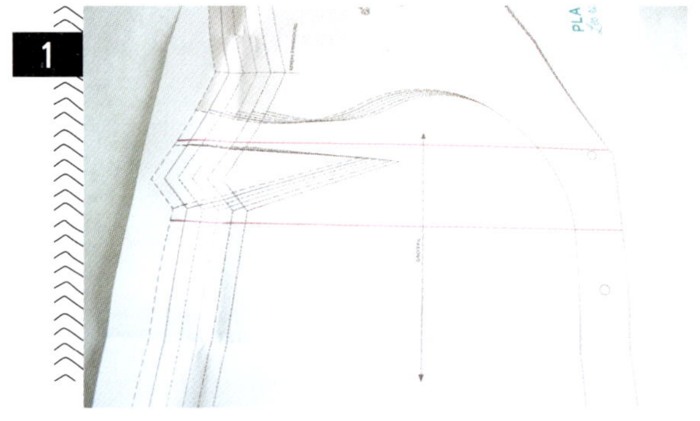

Senkrecht zum Fadenlauf zwei Linien um den Brustabnäher zeichnen.

2

Das Schnittmuster an der oberen Linie durchschneiden und auf einen neuen Papierbogen kleben.

Soll der Abnäher 2 cm tiefer sitzen, 2 cm unterhalb der Schnittkante eine parallele Linie zeichnen. An diese Linie die untere Partie des Schnittmusters anlegen; dabei genau den Fadenlauf beachten. Die Linie unterhalb des Abnähers auf eine im Abstand von 2 cm gezeichnete Parallele falten.

3

Den neuen Brustabnäher in das Schnittmuster falten. Dazu die Spitze des Abnähers an eine Tischkante legen.

4

Die Seitenlinie des Schnittteils zwischen Armausschnitt und unterer Partie gleichmäßig neu zeichnen.

5

Die Nahtzugabe des Brustabnähers einzeichnen.

Fall 2: Ich habe Körbchengröße D

1

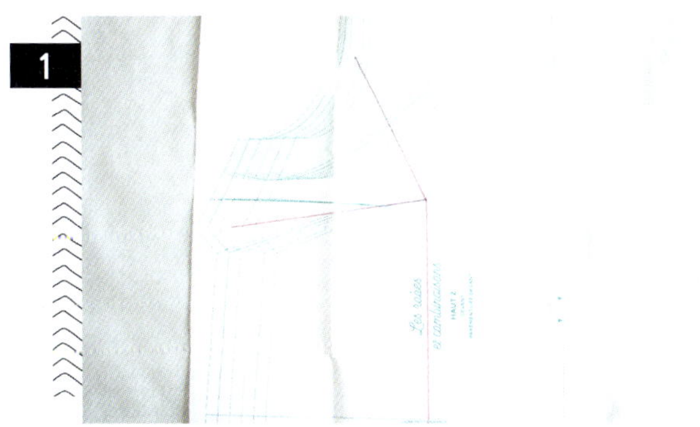

Mit einem Maßband den Brustumfang messen. Das Schnittmuster von Vorder- und Rückenteil in der Größe unterhalb Ihres Brustumfangs abpausen. Es wird nur das Schnittmuster des Vorderteils verändert.

Drei Linien einzeichnen.

- Die erste Linie ist die Verlängerung der Abnähermitte und geht 3,5 cm über die Abnäherspitze hinaus.
- Die zweite Linie verläuft parallel zum Fadenlauf genau durch das Ende der ersten Linie.
- Die dritte Linie verbindet das Ende der ersten Linie mit der Mitte des Armausschnitts.

2

Das Schnittmuster an den drei Linien durchschneiden (die erste Linie nur bis zur Abnäherspitze!).

Die drei Partien so auseinanderschieben, dass in der Mitte ein 2 cm breiter Abstand entsteht. Dabei genau den Fadenlauf beachten. Das Schnittmuster so auf einen neuen Bogen aufkleben.

3

Die Saumlinie mithilfe einer Verlängerung der vorderen Mitte neu zeichnen.

4

Den neuen Brustabnäher einzeichnen.

5

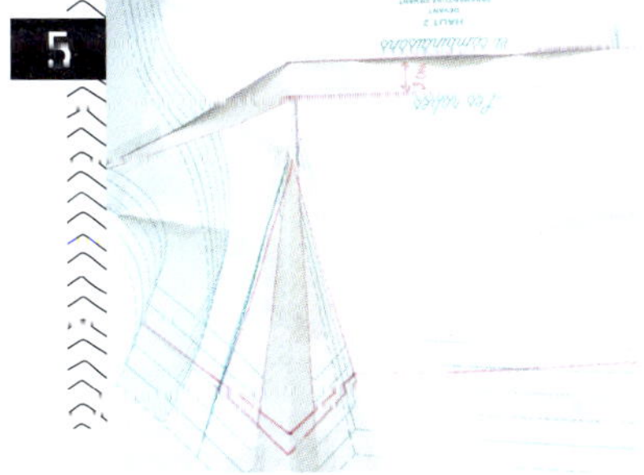

Um das abgewandelte Oberteil an eines der Unterteile zu nähen, müssen an der Taillenlinie die bei der Brusterweiterung angefügten 2 cm abgetragen werden. Dazu den Abnäher über einer Tischkante falten und die Seitenlinie neu zeichnen. Anschließend die Nahtzugabe des Abnähers neu zeichnen.

WENN SIE GENAU ZWISCHEN ZWEI GRÖSSEN LIEGEN

Die Kleider und Jumpsuits sind an Brust und Hüfte figurnah geschnitten. Die Taillenweite wird durch einen Gummizug oder einen Gürtel reguliert. Falls Ihr Brustumfang einer anderen Größe entspricht als Ihr Hüftumfang, müssen Sie die Schnittmuster anpassen.
Brustumfang: Bewegungszugabe + 4 cm
Hüftumfang: Bewegungszugabe + 6 cm (außer Unterteil 1)

Fall 1: Brust Größe 38, Hüften Größe 40

1

Wenn für das Oberteil eine andere Größe gewählt wird als für das Unterteil, passen die Schnittteile in der Taille nicht zusammen.

Für das Oberteil das Schnittmuster in Größe 38, für das Unterteil in Größe 40 auswählen. Die fehlenden Zentimeter werden an der Taille des Oberteils angefügt.

Am Schnitt des Vorderteils den Brustabnäher falten. Dazu die Abnäherspitze an eine Tischkante legen.

2

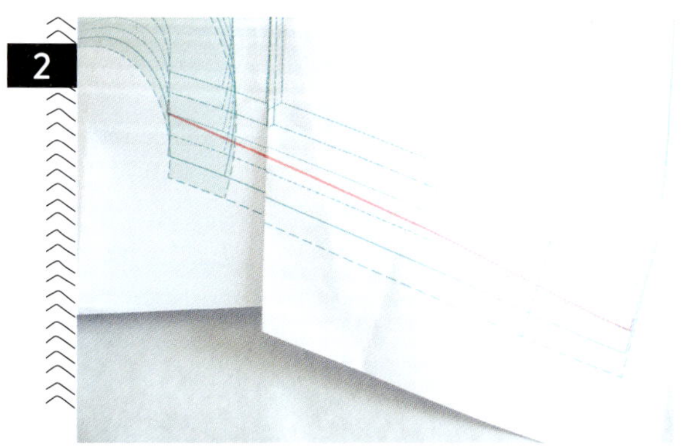

Die Seitenlinie vom Armausschnitt der Größe 38 bis zur Taille der Größe 40 neu zeichnen.

3

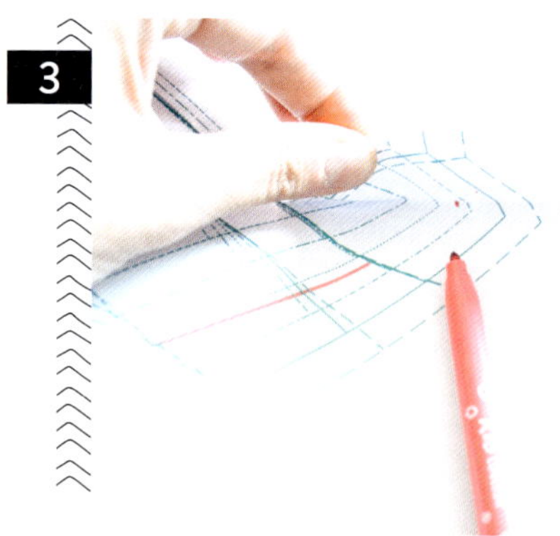

Mithilfe der durch das Papier scheinenden Linien die neue Nahtzugabe des Brustabnähers markieren.

4

Den neuen Brustabnäher mit Nahtzugabe fertig zeichnen.

5

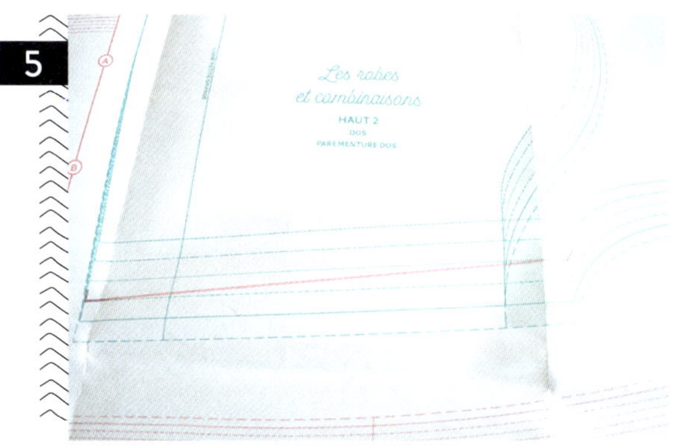

Die Seitenlinien des Rückenteils angleichen wie am Vorderteil.

Fall 2: Hüftumfang 96 cm – genau zwischen Größe 38 und 40

In diesem Fall das Schnittmuster in Größe 38 verwenden; es müssen jedoch an den Hüften 2 cm angefügt werden. Die 2 cm werden auf Vorder- und Rückenteil verteilt (jeweils 1 cm Zugabe).

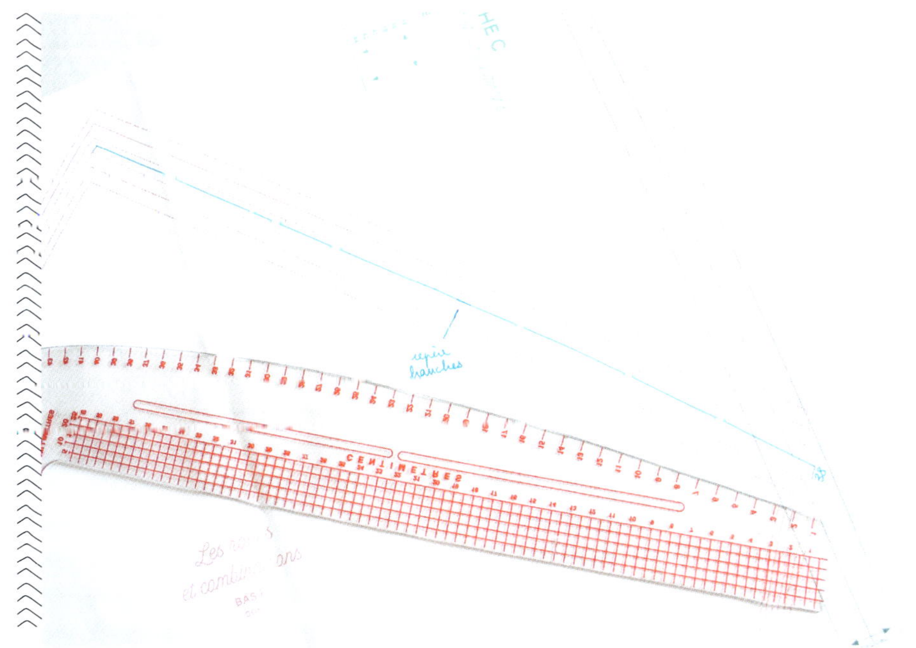

Auf dem Schnittmuster die Markierung der Hüftlinie suchen. In der Regel liegt diese 20 cm unterhalb der Taillenlinie.

Die Seitenlinien von der Taille der Größe 38 bis zur Hüftlinie der Größe 40 neu zeichnen (in der Taille wird die Größe 38 beibehalten).

Alle Oberteile

Bei einer Körpergröße unter 1,60 m empfiehlt es sich, die Oberteile um 2 cm zu kürzen. Bei einer Größe über 1,70 m sollten die Oberteile um 2 cm verlängert werden.

1

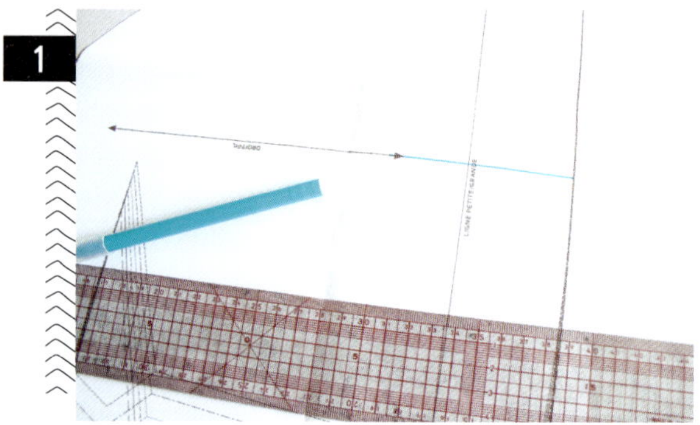

An den Schnittteilen, die nicht im Stoffbruch zugeschnitten werden, die Linie des Fadenlaufs verlängern. Die Linie „Kurzgröße/Langgröße" einzeichnen.

2

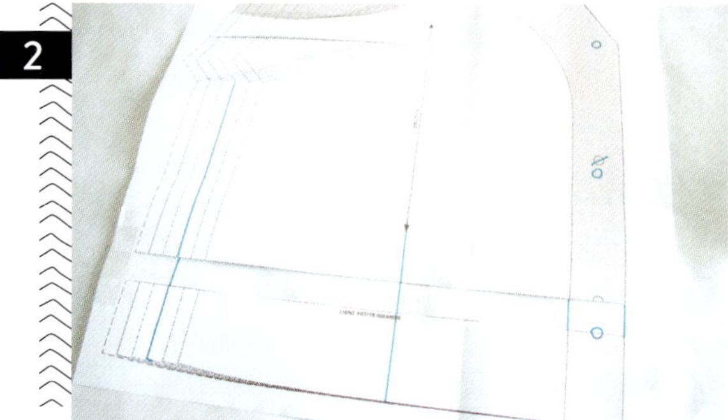

Das Schnittteil entlang der Linie „Kurzgröße/Langgröße" ausschneiden. Zum Kürzen die Partien des Schnittteils um die Anzahl der zu kürzenden Zentimeter übereinanderlegen. Zum Verlängern die Partien des Schnittteils entsprechend weit auseinanderschieben; dabei den Fadenlauf beachten.

Die Seitenlinien nachzeichnen.

Unterteile 1 & 2

Zum Verlängern des Rockes die Seitenlinien um das gewünschte Maß verlängern und parallel zur ursprünglichen Saumlinie eine neue Saumlinie zeichnen.

Zum Kürzen des Rockes ebenfalls eine neue Saumlinie parallel zur urspünglichen Saumlinie einzeichnen, und zwar um das gewünschte Maß oberhalb des ursprünglichen Saumes.

Unterteile 3 & 4

1

Wie bei den Oberteilen wird der Schnitt an den Linien „Kurzgröße/Langgröße" angepasst. An der langen Hose des Jumpsuits gibt es zwei dieser Linien (an Vorderhosen- und Gesäßnaht und am Bein). Zum Kürzen oder Verlängern des Schnittmusters ebenso vorgehen wie bei den Oberteilen. Zur Bestimmung der gewünschten Länge die Maße des Schnittmusters mit den persönlichen Maßen vergleichen oder vorab ein Nesselmodell nähen.

2

Die Seitenlinien mithilfe eines Kurvenlineals neu zeichnen, um eine schöne Rundung zu erhalten.

BLUSEN

KREATION I
Halsausschnitt 1
+
Ärmel 1
Halsausschnitt 1
SEITE 68
Ärmel 1
SEITE 80

KREATION 2
Halsausschnitt 1
+
Ärmel 2
Halsausschnitt 1
SEITE 68
Ärmel 2
SEITE 82

KREATION 3
Halsausschnitt 2
+
Ärmel 4
Halsausschnitt 2
SEITE 72
Ärmel 4
SEITE 88

KREATION 4
Halsausschnitt 2
+
Ärmel 3
Halsausschnitt 2
SEITE 72
Ärmel 3
SEITE 86

KREATION 5
Halsausschnitt 3
+
Kragen 1
+
Ärmel 2
Kragen 1
SEITE 76
Halsausschnitt 3
SEITE 74
Ärmel 2
SEITE 82

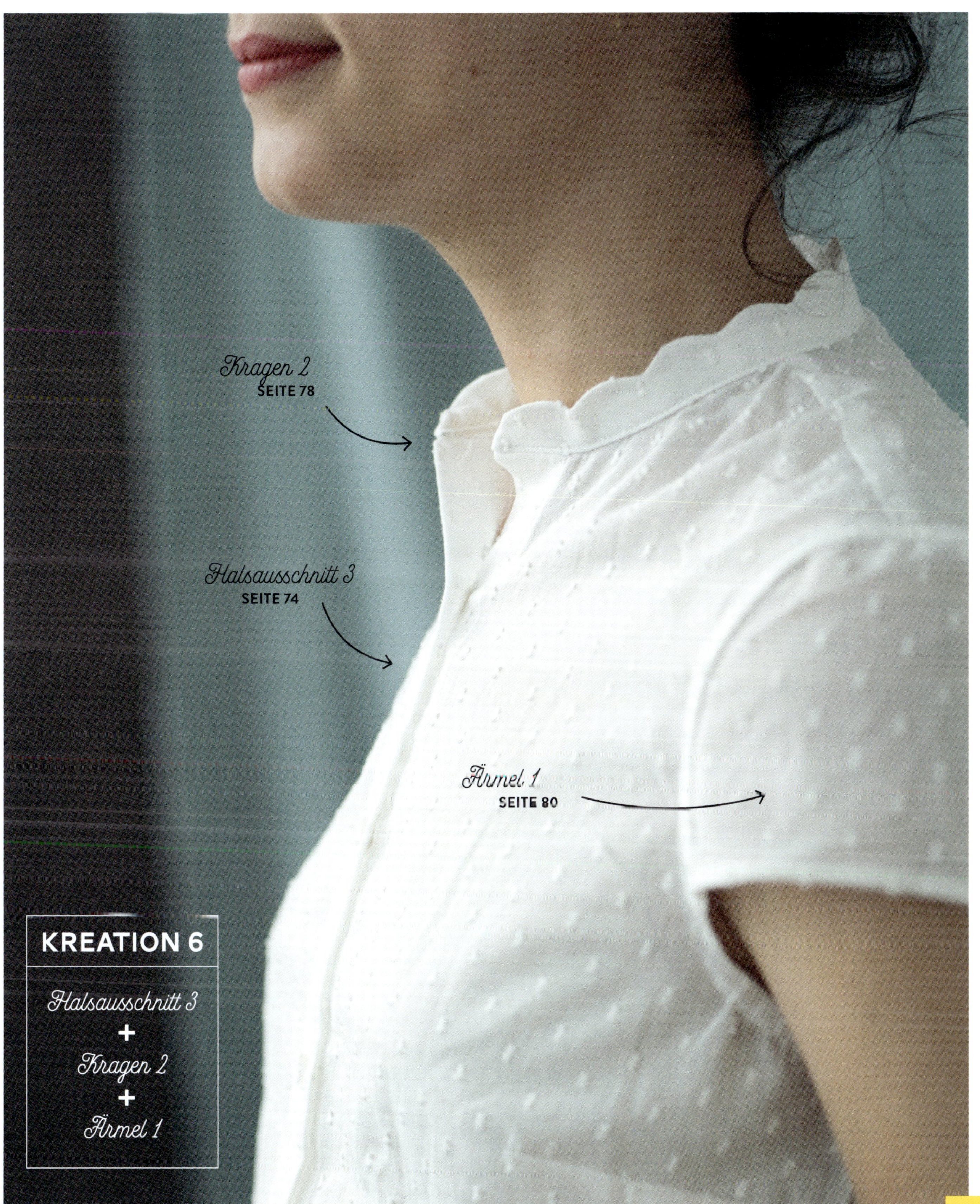
Kragen 2
SEITE 78
Halsausschnitt 3
SEITE 74
Ärmel 1
SEITE 80
KREATION 6
Halsausschnitt 3
+
Kragen 2
+
Ärmel 1

Aus den Schnittmustern können Sie Blusen für Sommer und Winter schneidern und dabei nach Belieben die Kragen- und Ärmelformen mixen.

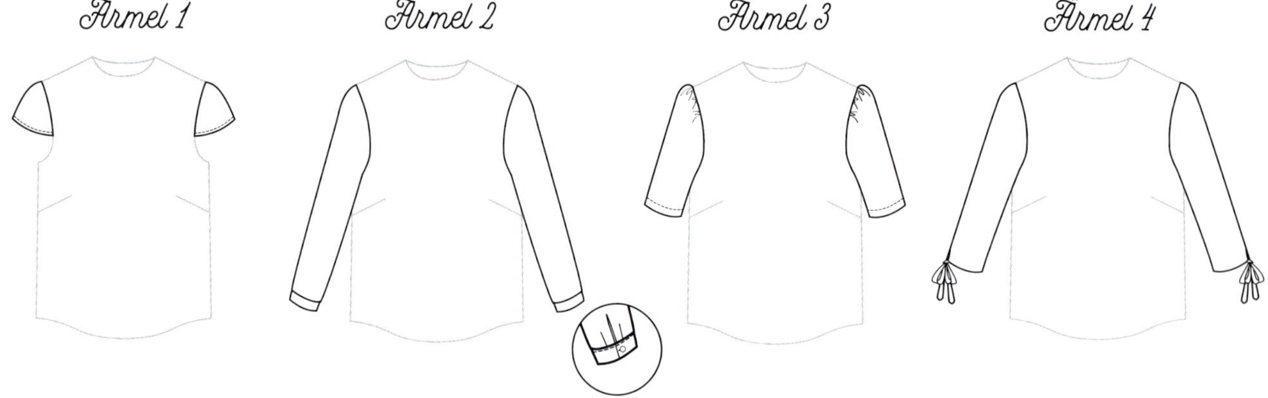

NÄHANLEITUNG

1 Für Ihre persönliche Kreation 1 Ausschnitt, 1 Ärmel und eventuell 1 Kragen auswählen.

2 Mithilfe der Größentabelle (S. 7) die Konfektionsgröße bestimmen.

3 Mit Seidenpapier die benötigten Schnittteile in der entsprechenden Größe von dem (den) angegebenen Schnittmusterbogen (-bogen) abpausen.

4 Falls nötig, die Schnittmuster mithilfe der Tipps in diesem Buch an Ihre Maße anpassen.

- Anpassen eines Schnittmusters an der Brust, Seite 90
- Wenn Sie genau zwischen zwei Größen liegen, Seite 91
- Wenn Sie sehr klein oder sehr groß sind, Seite 92

5 Zur Berechnung der insgesamt benötigten Stoffmenge die Angaben für die einzelnen Partien Ihrer persönlichen Kreation addieren. Den Stoff nach dem Zuschneideplan für Kragen und Ärmel zuschneiden.

6 Das Oberteil der gewählten Kreation anfertigen.

- Halsausschnitt 1, Seite 68
- Halsausschnitt 2, Seite 72
- Halsausschnitt 3, Seite 74

Für Halsausschnitt 3 einen Kragen anfertigen.

- Kragen 1, Seite 76
- Kragen 2, Seite 78

7 Die Ärmel der gewählten Kreation anfertigen.

- Ärmel 1, Seite 80
- Ärmel 2, Seite 82
- Ärmel 3, Seite 86
- Ärmel 4, Seite 88

HALSAUSSCHNITT I

Wickelbluse mit oder ohne Rüsche

MATERIAL 1,20 m Stoff (Stoffbreite 1,40 m)
1,50 m vorgefalztes Schrägband (Breite 1 cm)

STOFFEMPFEHLUNG Fließende Blusenstoffe z. B. Tencell, (Lyocell), Baumwoll-Doppelgaze

SCHNITTTEILE Bogen E & F, blaue und rosa Linien.
Der Stoff wird im Stoffbruch gelegt.

SCHNITTTEIL	ZUSCHNEIDEN	NAHTZUGABEN HINZUFÜGEN
Vorderteil	2x	Ringsum 1 cm
Rückenteil	1x im Stoffbruch	Ringsum 1 cm, außer am Stoffbruch
Taillenbund vorn links	1x im Stoffbruch	Ringsum 1 cm, außer am Stoffbruch
Taillenbund vorn rechts	1x im Stoffbruch	Ringsum 1 cm, außer am Stoffbruch
Taillenbund hinten	1x im Stoffbruch	Ringsum 1 cm, außer am Stoffbruch
Rüsche	Direkt auf den Stoff zeichnen, Breite: 4 cm Länge: ca. 5 m	Ringsum 1 cm

ZUSCHNEIDEPLAN

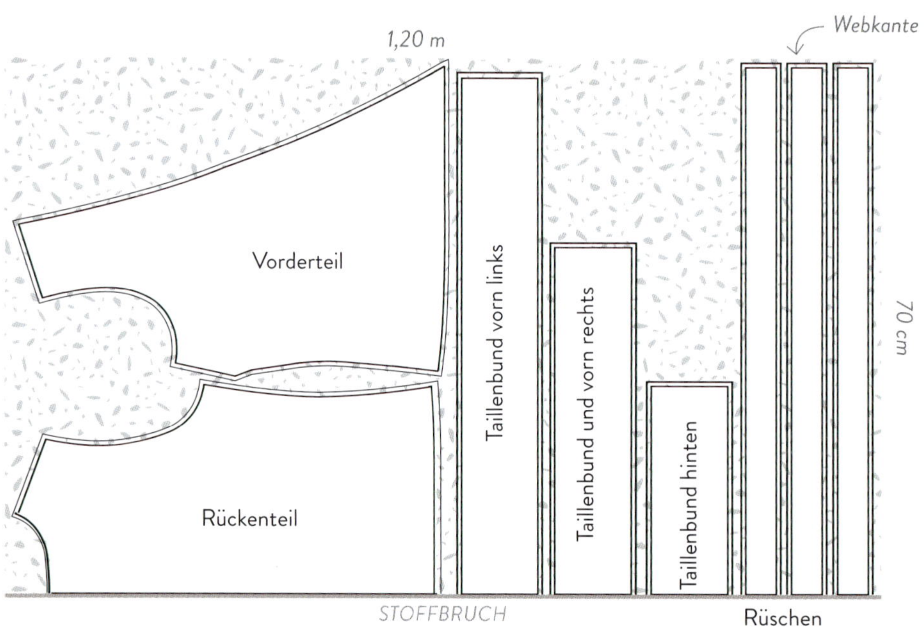

1

An den Vorderteilen die Brustabnäher steppen.

2

Vorderteile an Schultern und Seiten rechts auf rechts an das Rückenteil stecken. Mit 1 cm Nahtzugabe zusammensteppen, versäubern und bügeln.

3

Für die Rüsche mehrere Stoffstreifen an den Schmalseiten zusammennähen. Der Länge nach links auf links in der Mitte falten. Den gesamten Streifen in ca. 1 cm breite einseitige Falten legen und diese mit einer mit 0,5 cm Nahtzugabe gesteppten Naht befestigen. Die Rüsche muss so lang sein, dass sie am gesamten Halsausschnitt des Wickeloberteils (an beiden Vorderteilen und dem Rückenteil) verläuft, also ca. 1,50 m.

HALSAUSSCHNITT I

Wickelbluse mit oder ohne Rüsche

4

Die Rüsche rechts auf rechts an den gesamten Halsausschnitt stecken. Da der Wickelausschnitt schräg zugeschnitten wird, neigen die Stoffkanten zum Ausdehnen. Daher unbedingt darauf achten, die Maße des Schnittmusters einzuhalten, damit Größe und Fall der Bluse sich nicht verändern!

5

Das Schrägband auffalten und rechts auf rechts auf die Rüsche am Ausschnitt stecken. In der Mitte, also mit 1 cm Nahtzugabe, zusammennähen. Nahtzugaben auf ca. 3 mm zurückschneiden.

6

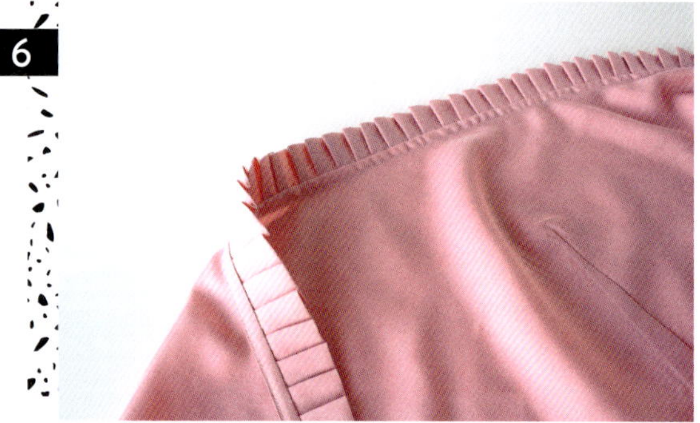

Das Schrägband nach innen umschlagen und etwa 8 mm vom Rand entfernt feststeppen.

7

Den hinteren Taillenbund an den Schmalseiten rechts auf rechts an die zwei vorderen Bundteile stecken. Der hintere Bund liegt in der Mitte. Mit 1 cm Nahtzugabe zusammensteppen und die Nahtzugaben auseinanderbügeln.

Den Bund rechts auf rechts kantenbündig so auf die Unterkante der Bluse legen, dass die Seitennähte genau aufeinanderliegen. Der längere vordere Bund liegt auf der linken Blusenseite. Mit 1 cm Nahtzugabe feststeppen.

8

Die vorderen Bundteile der Länge nach rechts auf rechts falten. An den Längs- und Schmalseiten mit 1 cm Nahtzugabe zusammensteppen.

9

Nahtzugaben der Ecken abschrägen und die Bundteile auf rechts wenden. So bügeln, dass der Falz die Naht verdeckt.

10

An der mit der Bluse verbundenen Partie des Bundes die offene Kante 1 cm nach innen umbügeln und den Bund auf die Innenseite umschlagen. Den Umbruch auf die Verbindungsnaht legen. 2 mm neben der Naht absteppen; dabei darauf achten, dass der Bund überall in der Naht mitgefasst wird.

HALSAUSSCHNITT 2

Bluse mit Druckknöpfen

MATERIAL

70 cm Stoff (Stoffbreite 1,40 m)
1 m vorgefalztes Schrägband (Breite 1 cm)
5 Druckknöpfe (Durchmesser 10 mm)
Bügeleinlage

STOFFEMPFEHLUNG

Weich fallende Blusenstoffe, z. B. Viskose, Viskosekrepp, Baumwollgaze

SCHNITTTEILE

Bogen E & F, blaue Linien.
Der Stoff wird im Stoffbruch gelegt.

SCHNITTTEIL	ZUSCHNEIDEN	NAHTZUGABEN HINZUFÜGEN
Vorderteil	2x	Ringsum 1 cm 2 cm für den Saum
Rückenteil	1x im Stoffbruch	Ringsum 1 cm, außer am Stoffbruch 2 cm für den Saum

ZUSCHNEIDEPLAN

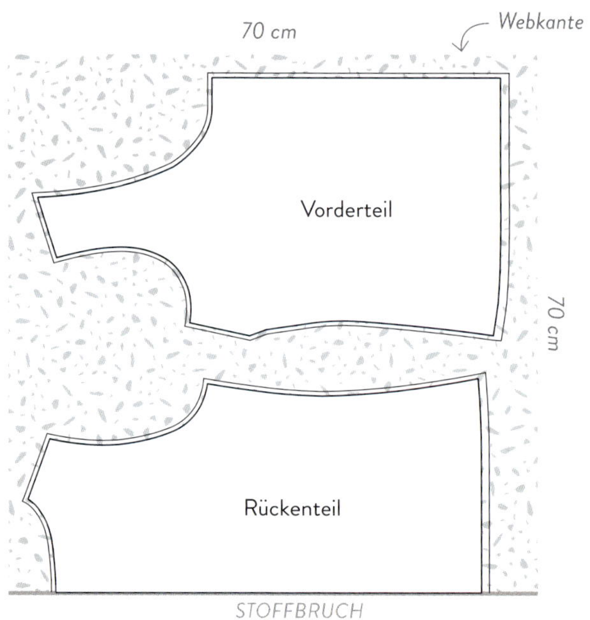

1

An den Vorderteilen die Brustabnäher steppen.

2

Vorderteile an Schultern und Seiten rechts auf rechts an das Rückenteil stecken. Mit 1 cm Nahtzugabe zusammensteppen, versäubern und bügeln.

3

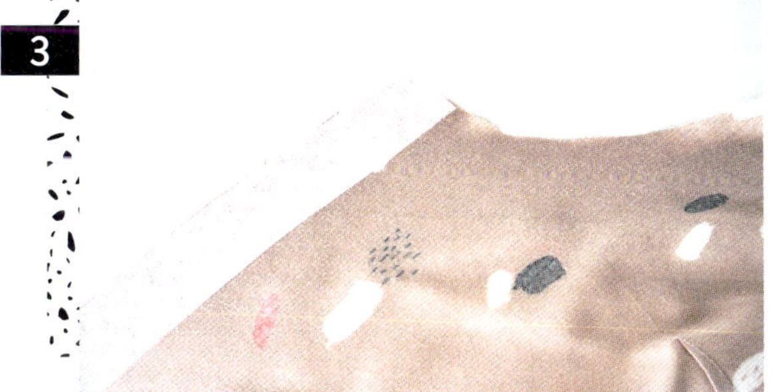

Die vordere Mitte an beiden Vorderteilen mit einem 4 cm breiten Streifen Bügeleinlage verstärken.

4

Die vordere Mitte beidseits erst 1 cm, dann nochmals 3 cm nach innen umschlagen und möglichst knapp am Umbruch feststeppen.

5

Schrägband auffalten, rechts auf rechts kantenbündig an den Ausschnitt stecken, Enden ca. 1 cm überstehen lassen. Bei fließendem Stoff darauf achten, dass der Ausschnitt sich nicht verzieht. Im mittleren Falz mit 1 cm Nahtzugabe feststeppen.

6

Nahtzugaben auf 2 mm zurückschneiden. Schrägband so nach innen umschlagen, dass der Falz die Naht verdeckt. Schrägbandenden nach innen umschlagen. 8 mm vom Rand entfernt feststeppen.

7

Die 2 cm Saumzugabe zum doppelten Saum einschlagen und feststeppen.

8

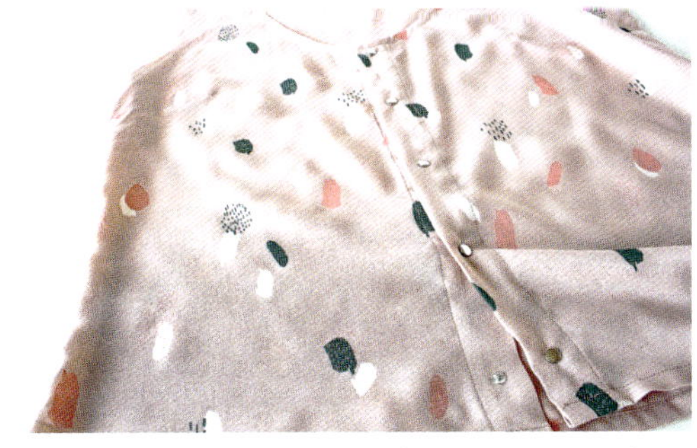

Die Druckknöpfe an den auf dem Schnittmuster markierten Stellen anbringen.

HALSAUSSCHNITT 3

Klassische Hemdbluse ohne Kragen

MATERIAL

1 m Stoff (Stoffbreite 1,40 m)
Bügeleinlage
7 Knöpfe zum Annähen (Durchmesser 10 mm)

STOFFEMPFEHLUNG

Leichte Blusenstoffe mit etwas Stand, z. B. Baumwollpopeline, Baumwollbatist

SCHNITTTEILE

Bogen E & F, blaue Linien.
Der Stoff wird im Stoffbruch gelegt (teils zur Hälfte, teils von beiden Seiten zur Mitte gefaltet).

SCHNITTTEIL	ZUSCHNEIDEN	NAHTZUGABEN HINZUFÜGEN
Vorderteil	2x	Ringsum 1 cm
Rückenteil	1x im Stoffbruch	Ringsum 1 cm, außer am Stoffbruch
Kragen	2x im Stoffbruch, davon 1x verstärkt	Ringsum 1 cm
Kragensteg	2x im Stoffbruch, davon 1x verstärkt	Ringsum 1 cm

BLUSEN

ZUSCHNEIDEPLAN

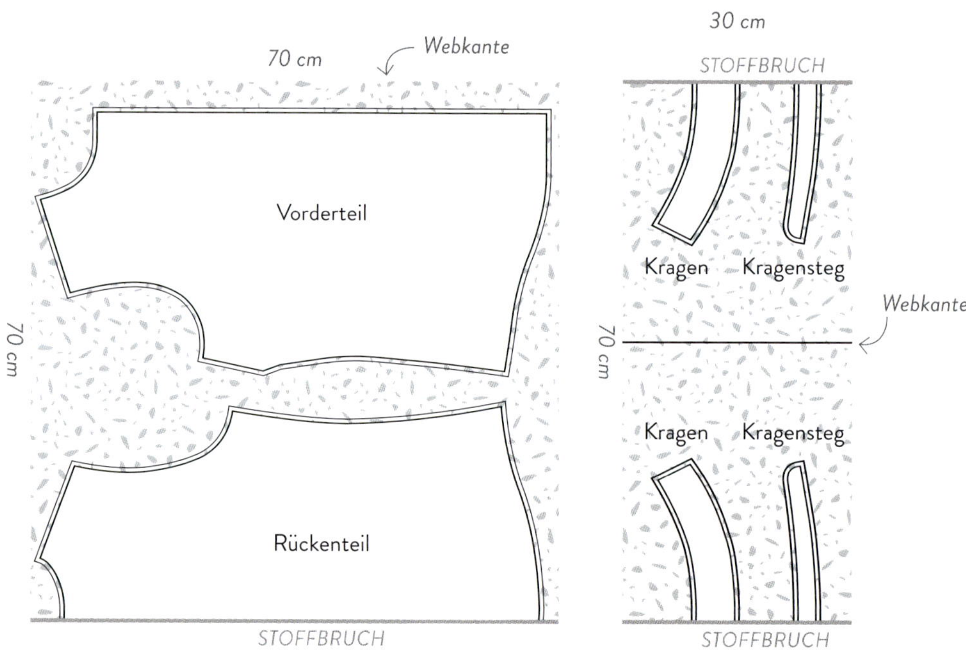

1

An den Vorderteilen die Brustabnäher steppen.

2

Vorderteile und Rückenteil an Schultern und Seiten rechts auf rechts zusammenstecken. Mit 1 cm Nahtzugabe zusammensteppen, versäubern und bügeln.

3

Die vordere Mitte an beiden Vorderteilen mit einem 4 cm breiten Streifen Bügeleinlage verstärken.

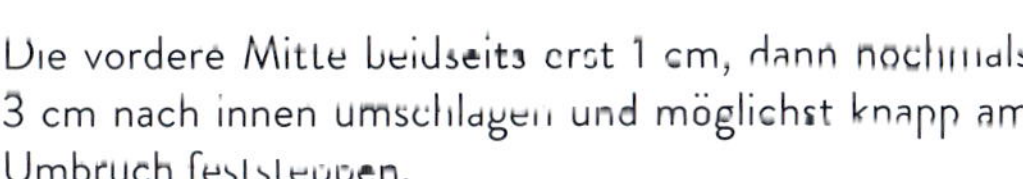

Die vordere Mitte beidseits erst 1 cm, dann nochmals 3 cm nach innen umschlagen und möglichst knapp am Umbruch feststeppen.

4

Einen 1 cm breiten, doppelten Saum nähen.

5

Am rechten Vorderteil an dem auf dem Schnittmuster markierten Stellen die Knopflöcher nähen. Am linken Vorderteil gegenüber die Knöpfe annähen.

Einen klassischen Umlegekragen oder einen Stehkragen mit Festonkante ansetzen (S. 76 und 78).

KRAGEN I

Klassischer Umlegekragen

1

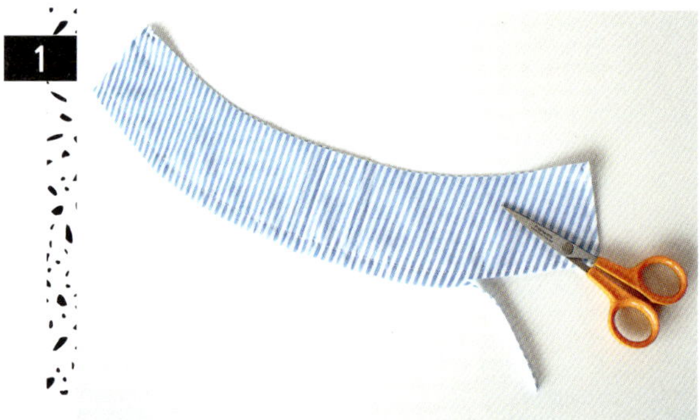

Eines der beiden Kragenteile verstärken. Die Kragenteile rechts auf rechts kantenbündig aufeinanderstecken. An der Unterkante mit 1 cm Nahtzugabe zusammensteppen und die Nahtzugabe auf 2 mm zurückschneiden.

2

Auf rechts wenden. Die Ecken mit einem spitzen Gegenstand schön ausformen, bügeln.

3

Einen der beiden Kragenstege verstärken. Die Unterkante des nicht verstärkten Steges 1 cm nach innen umbügeln.

4

Den Kragen rechts auf rechts zwischen die beiden Kragenstege schieben. Zuerst in der Mitte, dann rechts und links davon zusammenstecken. Der Kragensteg ist länger als der Kragen. Der verstärkte Kragensteg liegt auf dem nicht verstärkten Kragenteil.

5

Mit 1 cm Nahtzugabe zusammensteppen und die Nahtzugaben an den Rundungen bis kurz vor der Naht zurückschneiden.

6

Den Kragen auf rechts wenden und absteppen.

7

Den verstärkten Kragensteg rechts auf rechts kantenbündig an den Halsausschnitt der Bluse stecken. Die Passzeichen von rückwärtiger Mitte und Schultern liegen aufeinander.

Mit 1 cm Nahtzugabe am Umschlag des nicht verstärkten Kragenstegs entlang zusammensteppen.

8

Den Kragensteg auf rechts wenden und absteppen. Dabei darauf achten, dass der nicht verstärkte Kragensteg und die Nahtzugaben in der Naht mitgefasst werden.

9

Auf der rechten Seite an der auf dem Schnittmuster markierten Stelle das Knopfloch nähen und den Knopf gegenüber annähen.

KRAGEN 2

Stehkragen mit Festonkante

1

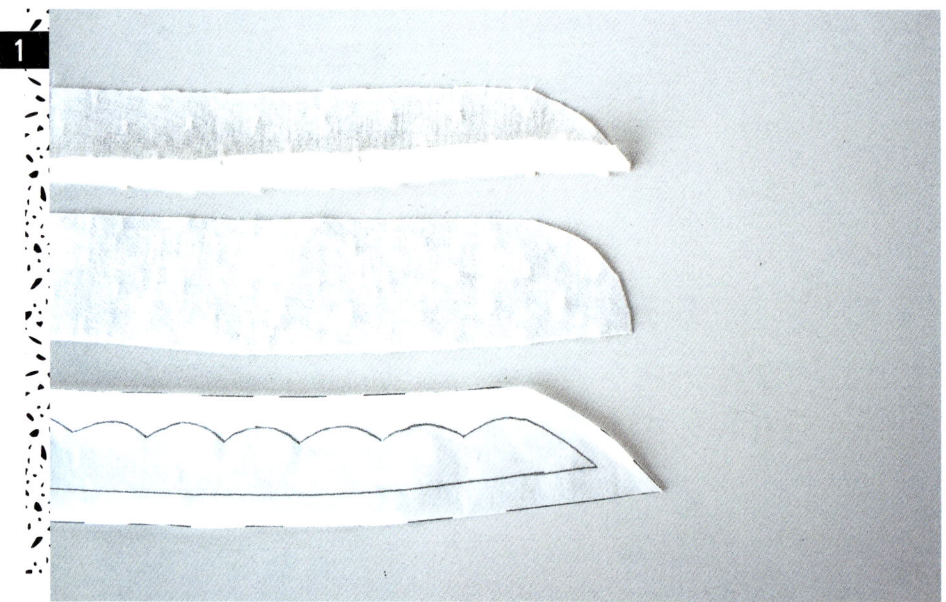

Den Kragensteg mit 1 cm Nahtzugabe entlang der Festons zuschneiden. Den Kragensteg mit Nahtzugaben zusätzlich einmal aus Seidenpapier zuschneiden.
Einen der beiden Kragenstege verstärken. Die Unterkante des nicht verstärkten Kragenstegs 1 cm nach innen umbügeln.

2

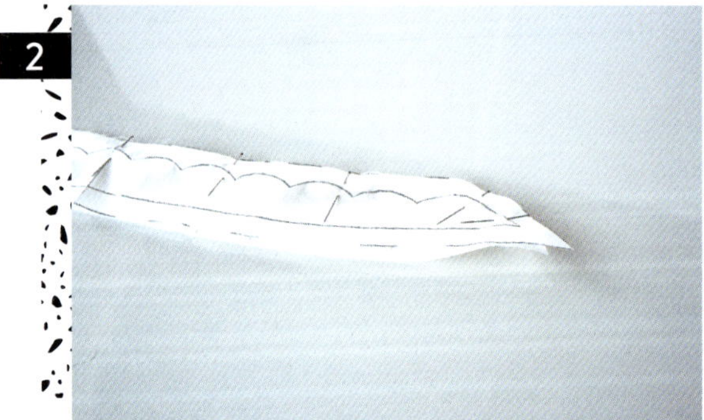

Die beiden Kragenstegteile rechts auf rechts aufeinanderstecken. Das Seidenpapier darauflegen.

3

Mit der Maschine zusammensteppen, dabei der Festonlinie auf dem Seidenpapier folgen.

4

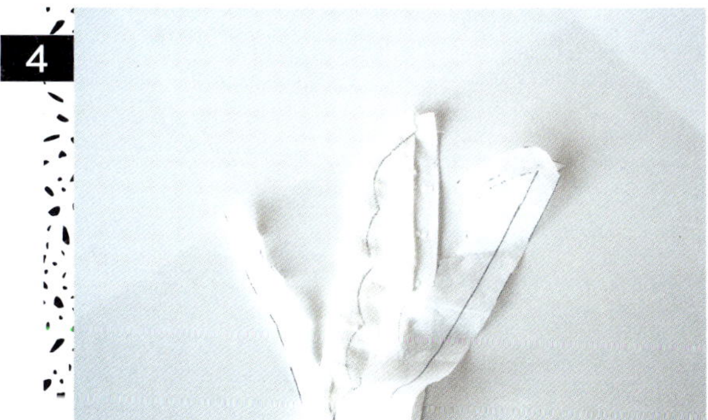

Das Seidenpapier vorsichtig abreißen.

5

Nahtzugaben auf 2 mm zurückschneiden, dabei zwischen den Festons bis möglichst dicht an die Naht schneiden.

6

Den Kragensteg auf rechts wenden und die Ecken mit einem spitzen Gegenstand schön ausformen. Vorsichtig bugeln.

7

Den Kragensteg rechts auf rechts kantenbündig an den Halsausschnitt der Bluse stecken. Die Passzeichen von rückwärtiger Mitte und Schultern liegen aufeinander.

Mit 1 cm Nahtzugabe am Umschlag des nicht verstärkten Kragenstegs entlang zusammensteppen.

8

Den Kragensteg auf rechts wenden und absteppen. Dabei darauf achten, dass der nicht verstärkte Kragensteg und die Nahtzugaben in der Naht mitgefasst werden.

ÄRMEL I

Kurzer Flügelärmel

MATERIAL 20 cm Stoff (Stoffbreite 1,40 m)
1,20 m vorgefalztes Schrägband (Breite 1 cm)

STOFFEMPFEHLUNG Passend zum Hauptstoff

SCHNITTTEILE Bogen F, rosa Linien.
Der Stoff wird im Stoffbruch gelegt

SCHNITTTEIL	ZUSCHNEIDEN	NAHTZUGABEN HINZUFÜGEN
Ärmel	2x	Ringsum 1 cm

ZUSCHNEIDEPLAN

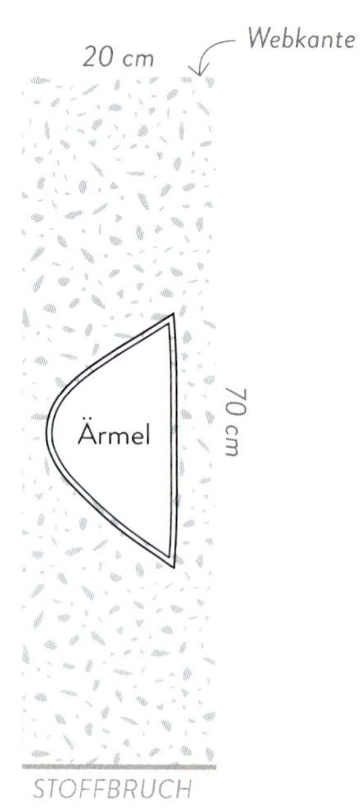

1

An beiden Ärmeln einen 1 cm breiten Saum nähen.

2

Die Bluse auf links, den Ärmel auf rechts wenden. Den Ärmel rechts auf rechts an den Armausschnitt stecken (Passzeichen aufeinander). Mit 0,5 cm Nahtzugabe zusammensteppen.

3

Das Schrägband auffalten und auf der rechten Stoffseite kantenbündig an den Armausschnitt stecken. Wo die Enden sich treffen, diese rechts auf rechts zusammennähen und die Nahtzugaben auseinanderbügeln. Schrägband im mittleren Falz feststeppen.

4

Nahtzugaben auf 2 mm zurückschneiden. Schrägband nach innen umschlagen, sodass der Falz die Naht verdeckt. 8 mm vom Rand entfernt feststeppen. Den zu weiten Ärmel ebenso arbeiten.

ÄRMEL 2

Hemdblusenärmel mit Manschette

MATERIAL 70 cm Stoff (Stoffbreite 1,40 m)
2 Knöpfe (Durchmesser 10 mm)
Bügeleinlage

STOFFEMPFEHLUNG Passend zum Hauptstoff

SCHNITTTEILE Bogen F, blaue Linien.
Der Stoff wird im Stoffbruch gelegt

SCHNITTTEIL	ZUSCHNEIDEN	NAHTZUGABEN HINZUFÜGEN
Ärmel	2x	Ringsum 1 cm
Manschette	2x, mit Bügeleinlage verstärken	Ringsum 1 cm

ZUSCHNEIDEPLAN

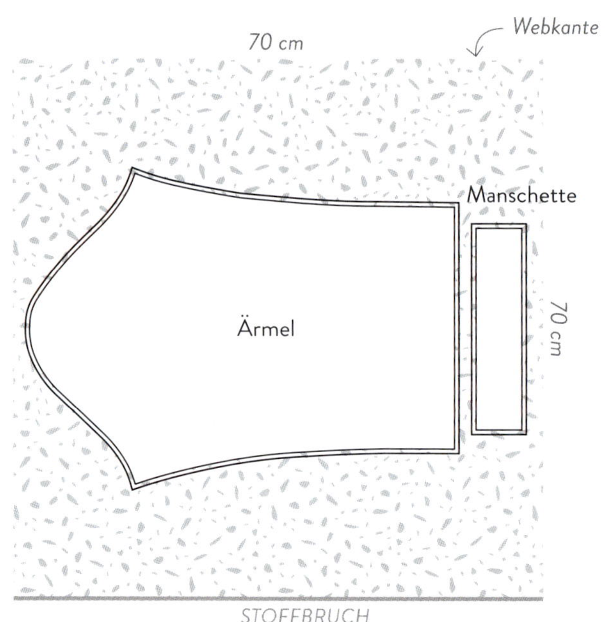

1

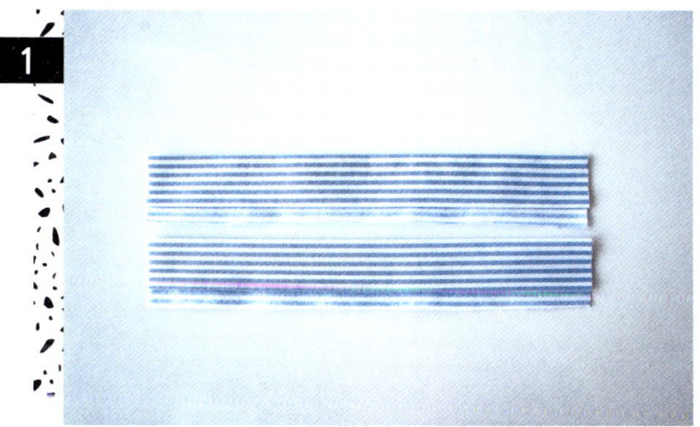

Die Manschetten mit Bügeleinlage verstärken und der Länge nach links auf links falten. Eine Längsseite 1 cm nach innen umschlagen.

2

An beiden Ärmeln den Schlitz einschneiden. Aus dem verwendeten Stoff zwei Streifen von jeweils ca. 2 x 25 cm im Fadenlauf zuschneiden.

3

Den Ärmelschlitz auffalten und den Streifen rechts auf rechts daran feststecken. Mit 0,5 cm Nahtzugabe feststeppen; dabei möglichst dicht an das obere Schlitzende nähen.

ÄRMEL 2

Hemdblusenärmel mit Manschette

4

Den Stoffstreifen zweimal 0,5 cm umschlagen und feststeppen.

Die Ärmelnaht im Geradstich mit 1 cm Nahtzugabe schließen. Versäubern und bügeln.

5

Die nicht umgefalzte Seite der Manschette rechts auf rechts kantenbündig an den Ärmel stecken. Gemäß den Passzeichen auf dem Schnittmuster die beiden Ärmelfältchen legen. Die Manschette auf beiden Seiten 1 cm überstehen lassen. Die weiter von der Ärmelnaht entfernte Seite des Schlitzes nach innen umschlagen. Die Manschette mit 1 cm Nahtzugabe feststeppen.

6

Die Manschette auf links wenden und an den Seiten in Verlängerung des Schlitzes zusteppen.

7

Die Manschette wieder auf rechts wenden und von rechts an der Verbindungsnaht absteppen; dabei die innen liegende Kante der Manschette mitfassen.

8

Die Manschette liegt 2 cm breit übereinander. In der Mitte der weiter von der Ärmelnaht entfernten Seite der Manschette das Knopfloch nähen. Gegenüber von Hand den Knopf annähen.

9

Die Ärmel einnähen; dazu die Bluse auf links und die Ärmel auf rechts wenden und die Passzeichen genau aufeinanderlegen.

ÄRMEL 3

Halber Ärmel mit eingekräuselter Armkugel

MATERIAL 40 cm Stoff (Stoffbreite 1,40 m)

STOFFEMPFEHLUNG Passend zum Hauptstoff

SCHNITTTEILE Bogen F, rosa Linien.
Der Stoff wird im Stoffbruch gelegt.

SCHNITTTEIL	ZUSCHNEIDEN	NAHTZUGABEN HINZUFÜGEN
Ärmel	2x	Ringsum 1 cm 2 cm für den Saum

ZUSCHNEIDEPLAN

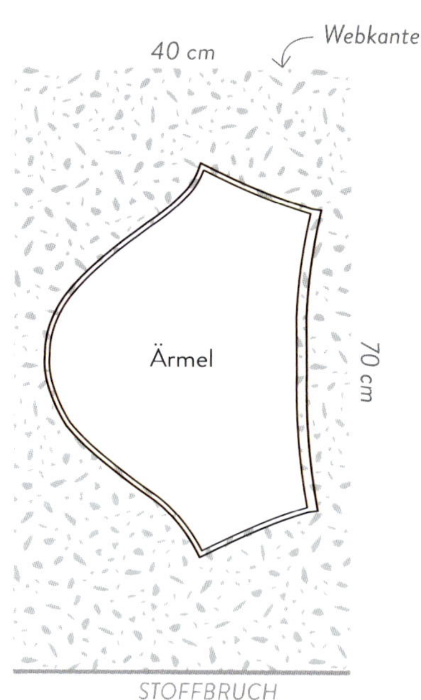

1

Die Ärmelseiten rechts auf rechts kantenbündig aufeinanderstecken und mit 1 cm Nahtzugabe zusammensteppen. Versäubern und bügeln.

2

Die 2 cm Saumzugabe zum doppelten Saum einschlagen und feststeppen.

3

Zwischen den Passzeichen im Geradstich zwei Kräuselnähte anbringen. Dazu die größtmögliche Stichlänge und die niedrigste Fadenspannung einstellen. Die erste Naht 0,5 cm, die zweite 1,5 cm vom Rand entfernt nähen.

4

Den Stoff einkräuseln und den Ärmel rechts auf rechts in den Armausschnitt stecken. Dabei die Passzeichen beachten und die Kräuselfältchen gleichmäßig verteilen

5

Den Ärmel im Geradstich mit 1 cm Nahtzugabe einnähen, versäubern, Nahtzugaben zum Rumpf umbügeln.

ÄRMEL 4

Dreiviertelärmel mit Schleife

MATERIAL 90 cm Stoff (Stoffbreite 1,40 m)

STOFFEMPFEHLUNG Passend zum Hauptstoff

SCHNITTTEILE Bogen E, rosa Linien.
Der Stoff wird im Stoffbruch gelegt.

SCHNITTTEIL	ZUSCHNEIDEN	NAHTZUGABEN HINZUFÜGEN
Manche devant	2x	Ringsum 1 cm
Manche dos	2x	Ringsum 1 cm
Besatz Vorderärmel	2x	Ringsum 1 cm, außer an der Oberkante
Besatz Hinterärmel	2x	Ringsum 1 cm, außer an der Oberkante

ZUSCHNEIDEPLAN

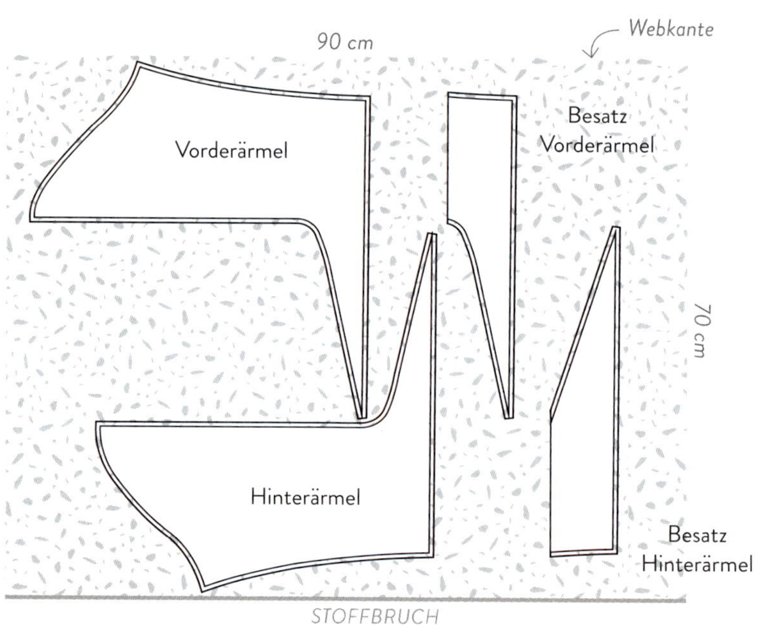

1

Zum Schließen der unteren Ärmelnaht die Schnittteile rechts auf rechts kantenbündig aufeinanderlegen und mit 1 cm Nahtzugabe zusammensteppen. Versäubern und bügeln. Mit den Besätzen ebenso verfahren. Die Oberkante der Besätze versäubern.

2

Die Besätze rechts auf rechts kantenbündig an die Ärmel stecken. Die Seitennähte liegen aufeinander. Mit 1 cm Nahtzugabe zusammensteppen. Die Oberkante der Besätze wird nicht festgesteppt. Zum Nähen der Spitze bis 1 cm vor der Kante steppen, die Nadel im Stoff versenkt lassen, den Nähfuß anheben und den Stoff drehen. Den Nähfuß wieder senken und weiternähen.

An den Spitzen die Nahtzugaben bis kurz vor der Naht zurückschneiden und den Stoff mithilfe einer Wendenadel oder eines spitzen Gegenstands auf rechts wenden.

3

Zum Schließen der oberen Ärmelnaht den Ärmel rechts auf rechts kantenbündig legen und mit 1 cm Nahtzugabe bis zum Besatz steppen. Vor dem Besatz einen kleinen Einschnitt in die Nahtzugabe machen, um diese Naht nähen zu können. Die Ärmelnähte versäubern, bügeln.

4

Zum Einnähen der Ärmel das Oberteil auf links, den Ärmel auf rechts wenden. Darauf achten, dass die Passzeichen genau aufeinanderliegen.

ANPASSEN EINES SCHNITTMUSTERS AN DER BRUST

Fall 1: Der Brustabnäher sitzt zu hoch

Den Brustabnäher nach der Anleitung auf Seite 52 verlegen.

Fall 2: Ich habe Körbchengröße D

1

Mit einem Maßband den Brustumfang messen. Das Schnittmuster von Vorder- und Rückenteil in der Größe unterhalb Ihres Brustumfangs abpausen. Es wird nur das Schnittmuster des Vorderteils verändert.

An der schmalsten Stelle des Schnittmusters, an der Taille senkrecht zum Fadenlauf, eine Linie einzeichnen. Das Schnittmuster an dieser Linie durchschneiden.

Drei Linien einzeichnen.

- Die erste Linie ist die Verlängerung der Abnähermitte und geht 3,5 cm über die Abnäherspitze hinaus.
- Die zweite Linie verläuft parallel zum Fadenlauf genau durch das Ende der ersten Linie.
- Die dritte Linie verbindet das Ende der ersten Linie mit der Mitte des Armausschnitts.

Das Schnittmuster an den drei Linien durchschneiden (die erste Linie nur bis zur Abnäherspitze!).

Die drei Partien so auseinanderschieben, dass in der Mitte ein 2 cm breiter Abstand entsteht. Dabei genau den Fadenlauf beachten. Das Schnittmuster so auf einen neuen Bogen aufkleben.

2

3

Die untere Partie des Schnittmusters so anlegen, dass die vordere Mitte angeglichen ist. Die Seiten liegen nicht mehr auf einer Linie.

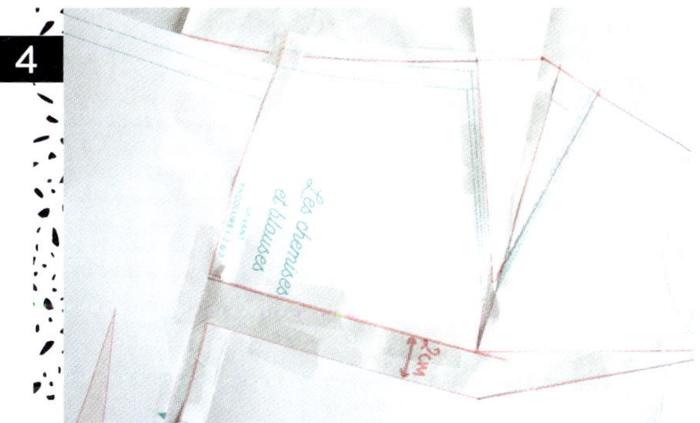

4

Den neuen Brustabnäher einzeichnen und über einer Tischkante falten. Die Seitenlinie vom Armausschnitt zum Saum sowie die Nahtzugabe des Brustabnähers neu zeichnen.

Für die Halsausschnitte 2 und 3 die Markierungen der Knopflöcher korrigieren, um sie gleichmäßig zu verteilen.

Für Halsausschnitt 1 den Wickelausschnitt neu zeichnen.

WENN SIE GENAU ZWISCHEN ZWEI GRÖSSEN LIEGEN

Die Blusen sind figurnah geschnitten und tailliert, ohne jedoch zu eng anzuliegen.

Wenn Sie genau zwischen zwei Größen liegen, wählen Sie für eine legerere Passform die größere Größe, für eine schmalere Passform die kleinere Größe.

WENN SIE SEHR KLEIN ODER SEHR GROSS SIND

Die Schnittmuster sind für Frauen von etwa 1,65 cm Körpergröße konzipiert. Wenn Sie kleiner sind als 1,60 m, empfiehlt es sich, die Blusen um 2 cm zu kürzen. Wenn Sie größer sind als 1,70`m, sollten Sie die Blusen um 2 cm verlängern.
Um das Schnittmuster entsprechend anzupassen, vergleichen Sie die Länge der Schnittmuster mit einigen Kleidungsstücken aus Ihrer Garderobe, deren Länge Ihnen zusagt.

Anpassen der Blusenlänge

1

An der schmalsten Stelle des Schnittmusters in Taillenhöhe senkrecht zum Fadenlauf eine Linie einzeichnen.

2

Das Schnittmuster an dieser Linie durchschneiden. Wenn Sie sehr klein sind, schieben Sie die Teile des Schnittmusters um die Anzahl der Zentimeter, um die gekürzt werden soll, übereinander. Wenn Sie groß sind, schieben Sie die Teile parallel bis zur gewünschten Länge auseinander. Dabei stets den Fadenlauf beachten.

Die Seitenlinien so neu zeichnen, dass die taillierte Form erhalten bleibt.

3

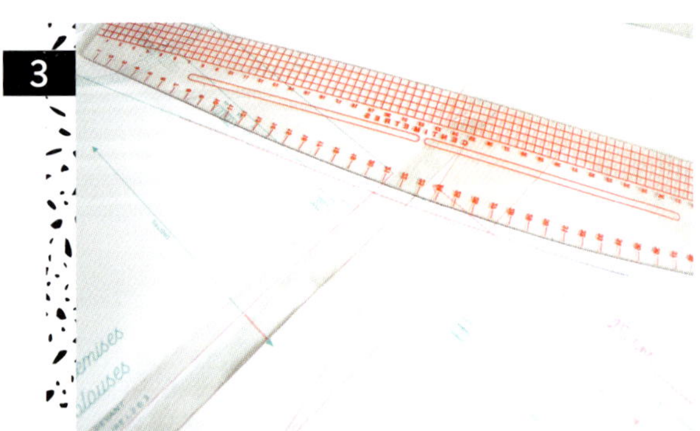

Für Halsausschnitt 1 zeichnen Sie den Ausschnitt für die Wickelbluse.

Anpassen der Ärmellänge

Diese Methode eignet sich nicht für Ärmel 1.

1

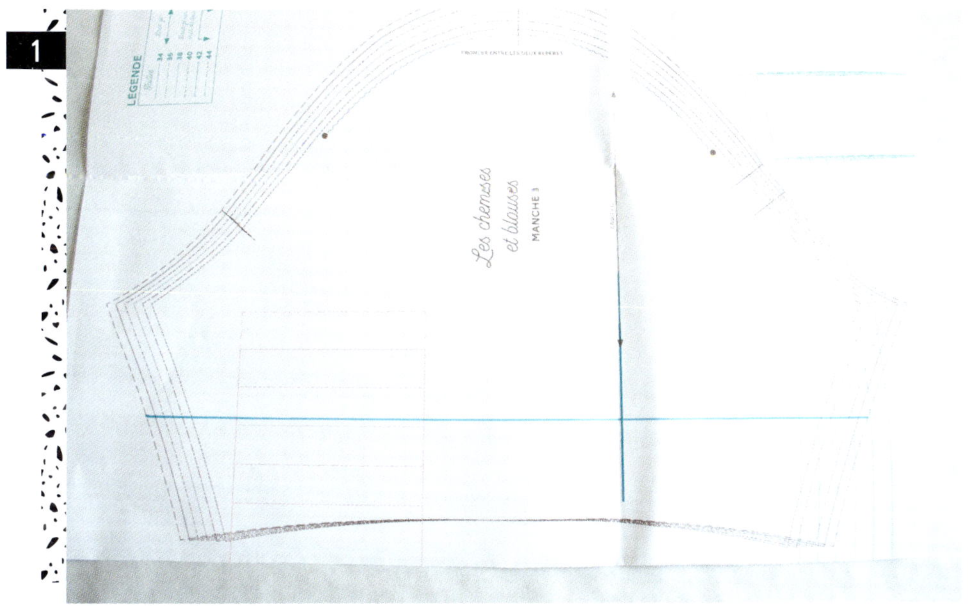

Die Linie des Fadenlaufs verlängern und etwa 5 cm oberhalb der Saumlinie eine Senkrechte zum Fadenlauf einzeichnen.

2

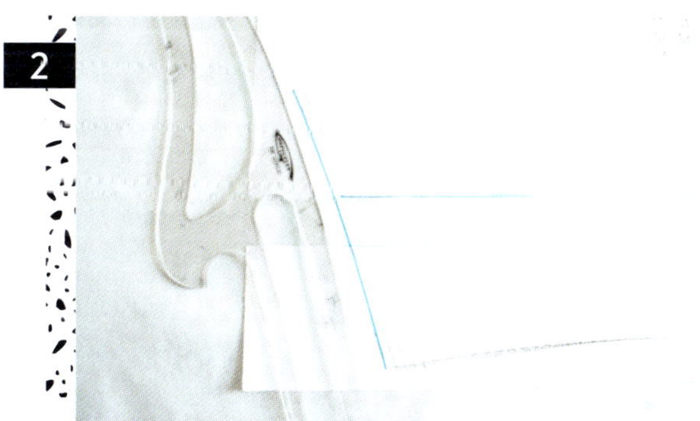

Das Schnittmuster auf dieser Linie durchschneiden. Soll der Ärmel gekürzt werden, die Teile des Schnittmusters um die Anzahl der zu kürzenden Zentimeter übereinanderschieben. Soll der Ärmel verlängert werden, die Teile parallel bis zur gewünschten Länge auseinanderschieben. Dabei stets den Fadenlauf beachten. Die Seitenlinien neu zeichnen.

RÖCKE

Taillenbund 2
SEITE 116
Rock 2
SEITE 108
KREATION I
Rock 2
+
Taillenbund 2

KREATION 2
Rock 3
+
Taillenbund 1
Taillenbund 1
SEITE 112
Rock 3
SEITE 110

Taillenbund 3
SEITE 120
Rock 3
SEITE 110
KREATION 3
Rock 3
+
Taillenbund 3

Taillenbund 3
SEITE 120
Rock 1
SEITE 104
KREATION 4
Rock 1
+
Taillenbund 3

KREATION 5
Rock 1
+
Taillenbund 1
Taillenbund 1
SEITE 112
Rock 1
SEITE 104

Taillenbund 2
SEITE 116
Rock 2
SEITE 27
KREATION 6
Rock 2
+
Taillenbund 2

RÖCKE

Ein Rock mit hoher Taille, der durch die Auswahl von 3 Taillenbundformen und 3 Rockformen individuell gestaltet werden kann. Es sind 9 verschiedene Kombinationen möglich, sodass für jeden Geschmack etwas dabei ist. Ihre ganz persönliche Note verleihen Sie Ihrer Kreation durch die Stoffauswahl.

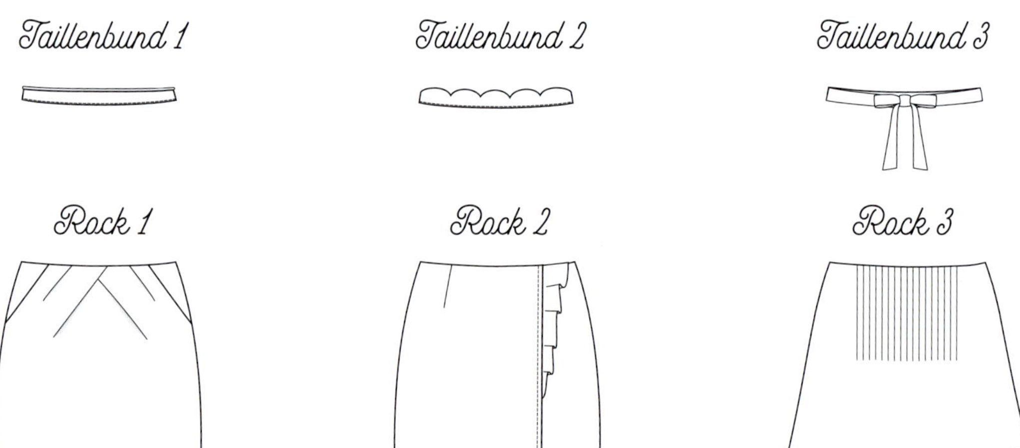

NÄHANLEITUNG

1 Für Ihre persönliche Kreation 1 Rock und 1 Taillenbund auswählen.

2 Mithilfe der Größentabelle (S. 7) die Konfektionsgröße bestimmen.

3 Mit Seidenpapier die benötigten Schnittteile in der gewünschten Größe von den angegebenen Schnittmusterbogen abpausen.

4 Falls nötig, die Schnittmuster mithilfe der Tipps in diesem Buch an Ihre Maße anpassen.

- Wenn Sie genau zwischen zwei Größen liegen, S. 124
- Wenn Sie sehr klein oder sehr groß sind, S. 125

5 Zur Berechnung der insgesamt benötigten Stoffmenge addieren Sie die Angaben für die einzelnen Partien Ihrer persönlichen Kreation. Den Stoff nach dem Zuschneideplan der jeweils gewählten Schnittteile (Rock und Taillenbund) zuschneiden.

6 Den Rock Ihrer persönlichen Kreation anfertigen.

- Rock 1, Seite 104
- Rock 2, Seite 108
- Rock 3, Seite 110

7 Den Taillenbund Ihrer persönlichen Kreation anfertigen.

- Taillenbund 1, Seite 112
- Taillenbund 2, Seite 116
- Taillenbund 3, Seite 120

8 Am Rock die 2 cm Saumzugabe zum doppelten Saum einschlagen und feststeppen.

ROCK I

Gerader Rock mit Bundfalten

MATERIAL 80 cm Stoff (Stoffbreite 1,40 m)

STOFFEMPFEHLUNG Leichte bis mittelschwere Rockstoffe, z. B. Wolle, Jaquard

SCHNITTTEILE Bogen G & H, blaue Linien.
Der Stoff wird im Stoffbruch gelegt (Stoff von beiden Seiten zur Mitte gefaltet).

SCHNITTTEIL	ZUSCHNEIDEN	NAHTZUGABEN HINZUFÜGEN
Vorderteil	1x im Stoffbruch	Ringsum 1 cm, außer am Stoffbruch 2 cm für den Saum
Rückenteil	1x im Stoffbruch	Ringsum 1 cm, außer am Stoffbruch 2 cm für den Saum
Tasche	2x	Ringsum 1 cm
Taschenboden	2x	Ringsum 1 cm

ZUSCHNEIDEPLAN

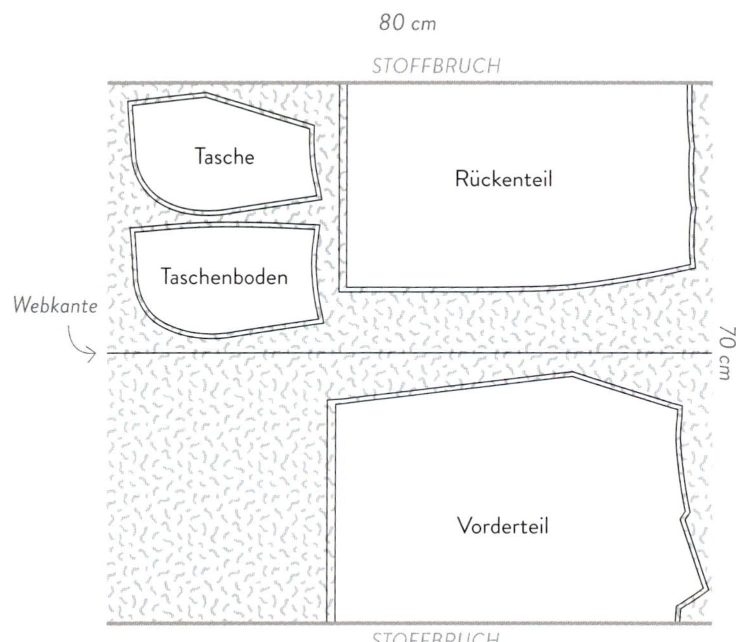

1

Gemäß dem auf dem Schnittmuster eingezeichneten Pfeil eine der Falten an der vorderen Mitte abstecken.

2

Die zweite Falte gegengleich abstecken.

3

Die zwei kleinen Falten seitlich am Vorderteil gemäß dem auf dem Schnittmuster eingezeichneten Pfeil abstecken. Die Falten 0,5 cm vom Rand entfernt feststeppen.

ROCK I

Gerader Rock mit Bundfalten

4

Jeweils eine Tasche und einen Taschenboden kantenbündig rechts auf rechts aufeinanderstecken. Mit 1 cm Nahtzugabe zusammensteppen, versäubern.

5

Die Taschen rechts auf rechts kantenbündig an das Vorderteil stecken. Mit 1 cm Nahtzugabe feststeppen, versäubern und bügeln.

6

Die Seitennaht der Taschen absteppen, dabei die Nahtzugaben mit in der Naht fassen.

7

Die Taschen nach innen legen und zur Befestigung an der seitlichen Oberkante mit 0,5 cm Nahtzugabe feststeppen.

8

Am Rückenteil des Rockes die Abnäher steppen.

9

Vorder- und Rückenteil an der linken Seite kantenbündig rechts auf rechts zusammenstecken. Mit 1 cm Nahtzugabe zusammensteppen, versäubern und bügeln. Die gegenüberliegenden Seiten von Vorder- und Rückenteil separat versäubern.

ROCK 2

Etuirock mit Volant

MATERIAL 1,10 m Stoff (Stoffbreite 1,40 m)

STOFFEMPFEHLUNG Leichte bis mittelschwere Rockstoffe, z. B. Wolle, Jaquard

SCHNITTTEILE Bogen H, rosa Linien.
Der Stoff wird im Stoffbruch gelegt.

SCHNITTTEIL	ZUSCHNEIDEN	NAHTZUGABEN HINZUFÜGEN
Vorderteil	2x	Ringsum 1 cm 2 cm für den Saum
Rückenteil	1x im Stoffbruch	Ringsum 1 cm, außer am Stoffbruch 2 cm für den Saum
Volant	2x	Ringsum 1 cm

ZUSCHNEIDEPLAN

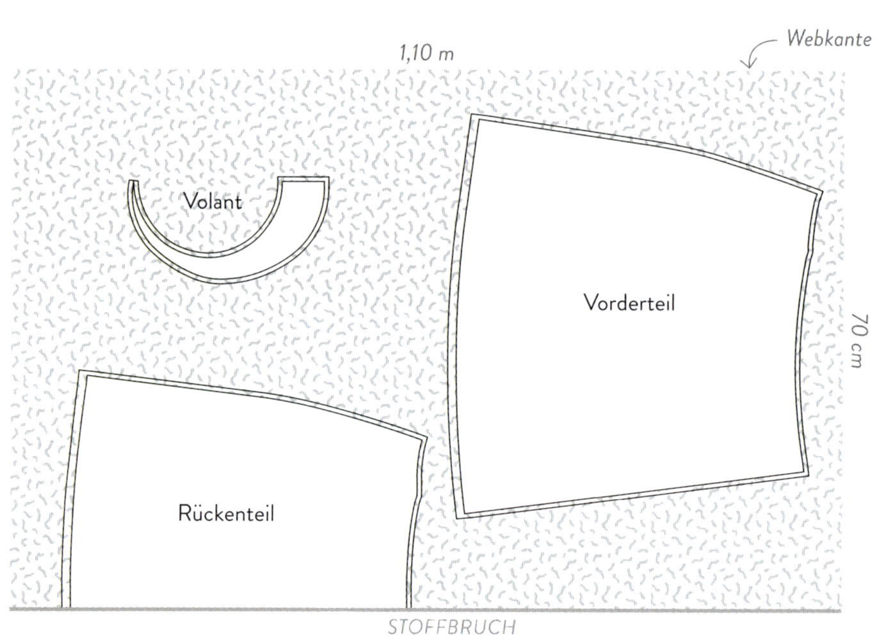

1

Zunächst den Volant anfertigen. Beide Volantteile kantenbündig rechts auf rechts aufeinanderstecken und an der langen Seite mit 1 cm Nahtzugabe zusammensteppen. Nahtzugaben zurückschneiden und den Volant auf rechts wenden. So bügeln, dass der Falz die Naht verdeckt.

2

Den Volant rechts auf rechts oben an die Seite des rechten Vorderteils stecken. Mit 1 cm Nahtzugabe feststeppen, versäubern.

3

Den Volant nach außen umschlagen. Nahtfalz 1 cm nach innen verschieben, Umbruch am Vorderteil festbügeln, 0,7 cm vom Umbruch entfernt feststeppen. Seite des linken Vorderteils versäubern, 1 cm nach innen umbügeln und feststeppen.

4

Die Abnäher an den Vorderteilen steppen.

Die beiden Vorderteile so aufeinanderlegen, dass die vordere Mitte übereinstimmt, und an der Oberkante mit 0,5 cm Nahtzugabe zusammensteppen.

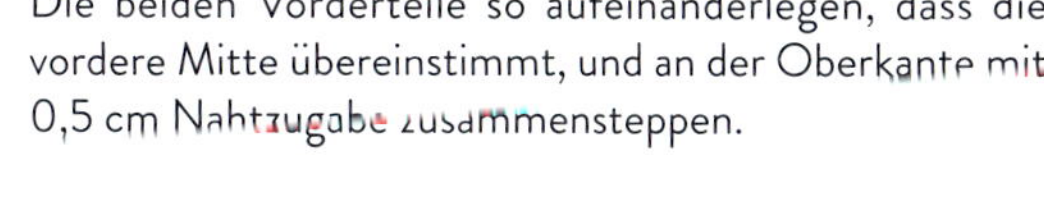

5

Die Abnäher am Rückenteil steppen.

6

Vorder- und Rückenteil an der linken Seite kantenbündig rechts auf rechts zusammenstecken. 1 cm vom Rand entfernt zusammensteppen, versäubern und bügeln. Die rechte Seite von Rückenteil und rechtem Vorderteil separat versäubern.

ROCK 3

Ausgestellter Rock mit Biesen

MATERIAL 1,10 m Stoff (Stoffbreite 1,40 m)
Spezial-Kopierpapier für Stoff

STOFFEMPFEHLUNG Leichte Rockstoffe, z. B. Viskosekrepp, Baumwollserge

SCHNITTTEILE Bogen G, rosa Linien.
Der Stoff wird im Stoffbruch gelegt.

SCHNITTTEIL	ZUSCHNEIDEN	NAHTZUGABEN HINZUFÜGEN
Vorderteil	1x im Stoffbruch	Ringsum 1 cm, außer am Stoffbruch 2 cm für den Saum
Rückenteil	1x im Stoffbruch	Ringsum 1 cm, außer am Stoffbruch 2 cm für den Saum

ZUSCHNEIDEPLAN

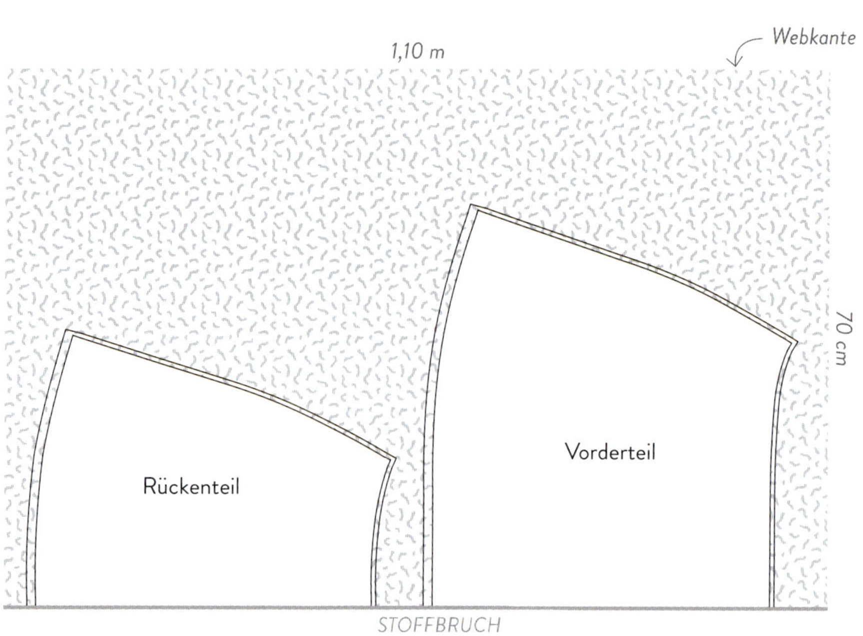

1

Die auf dem Schnittmuster eingezeichneten Faltenlinien auf den Stoff übertragen. Dazu benötigen Sie spezielles Kopierpapier für den Stoff und ein Kopierrädchen. Mit dem Kopierpapier zunächst eine Probe an einem Stoffrest machen, um zu prüfen, ob die Linien bei der Wäsche verschwinden.

2

Schnittmuster, Kopierpapier und Stoff nach dem Zuschneiden zusammengesteckt lassen. Der Stoff liegt mit der rechten Seite zu Ihnen. Darauf liegt das Kopierpapier (die farbige Seite zum Stoff, also zum Tisch hin) und zuoberst das Schnittmuster. Mit dem Kopierrädchen die Faltenlinien auf dem Schnittmuster nachfahren. Nicht zu fest drücken.

3

Um die Faltenlinien auf die andere Seite des Vorderteils zu übertragen, diesmal das Kopierpapier zuunterst legen (farbige Seite zu Ihnen), darauf den Stoff und zuoberst das Schnittmuster. Beim Nachfahren der Faltenlinien mit dem Kopierrädchen nicht zu fest drucken.

4

Die erste Falte in den Stoff bügeln. Die Faltenlinien entsprechen der oberen Faltenpartie. Der Stoff wird links auf links gefaltet.

5

Die Falten 0,5 cm breit bis zum Ende der Faltenlinie steppen. Das Nahtende mit Rückstichen sichern.

6

Für eine präzise, scharfe Falte die Naht von links ausbügeln. Bei den übrigen Falten ebenso verfahren. Alle Falten zur gleichen Seite bügeln.

7

Wenn man die Falten auf der linken Stoffseite näht, entsteht eine ganz andere Optik.

8

Vorder- und Rückenteil an der linken Seite kantenbündig rechts auf rechts zusammenstecken. Mit 1 cm Nahtzugabe zusammensteppen, versäubern und bügeln. Die rechte Seite von Vorder- und Rückenteil separat versäubern.

TAILLENBUND I

Gerader Bund mit Paspel

MATERIAL

10 cm Stoff (Stoffbreite 1,40 m)
1 m Paspelband
1 nahtverdeckter Reißverschluss (22 cm Länge)
Bügeleinlage

STOFFEMPFEHLUNG

Passend zum Hauptstoff

SCHNITTTEILE

Bogen H, blaue Linien.
Der Stoff wird im Stoffbruch gelegt.

SCHNITTTEIL	ZUSCHNEIDEN	NAHTZUGABEN HINZUFÜGEN
Taillenbund vorn	2x, mit Bügeleinlage verstärken	Ringsum 1 cm
Taillenbund hinten	2x, mit Bügeleinlage verstärken	Ringsum 1 cm

ZUSCHNEIDEPLAN

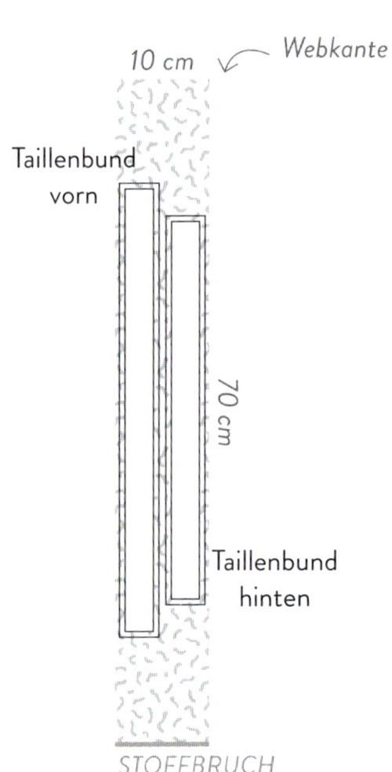

1

Den nahtverdeckten Reißverschluss so auf die rechte Seite des Rockes legen, dass das kunststoffverstärkte Ende 1 cm über die Oberkante hinausragt.

Mit dem Spezialnähfuß für nahtverdeckte Reißverschlüsse möglichst dicht an der Zahnkante feststeppen. Ganz langsam nähen und dabei den Reißverschluss mit dem Finger Stück für Stück öffnen.

Die Schritte auf der anderen Reißverschlussseite wiederholen. Vor dem Nähen den Reißverschluss schließen, um sicherzugehen, dass er richtig herum liegt.

2

Die rechte Seitennaht des Rockes schließen. Dazu möglichst dicht am Ende des nahtverdeckten Reißverschlusses beginnen, ohne diesen jedoch in der Naht zu fassen. Den Nahtbeginn durch einige Rückstiche verstärken.

3

Vorderen und hinteren Taillenbund an der linken Schmalseite rechts auf rechts zusammenstecken und mit 1 cm Nahtzugabe zusammensteppen. Nahtzugaben auseinanderbügeln. Mit den Futterteilen (Bundinnenseite) wiederholen.

Mit dem Paspelfuß (oder dem nahtverdeckten Reißverschlussfuß) der Nähmaschine das Paspelband an der Oberkante des Bundes feststeppen. Die Kordel des Paspelbands liegt dabei auf der von der Kante entfernten Seite.

TAILLENBUND I

Gerader Bund mit Paspel

4

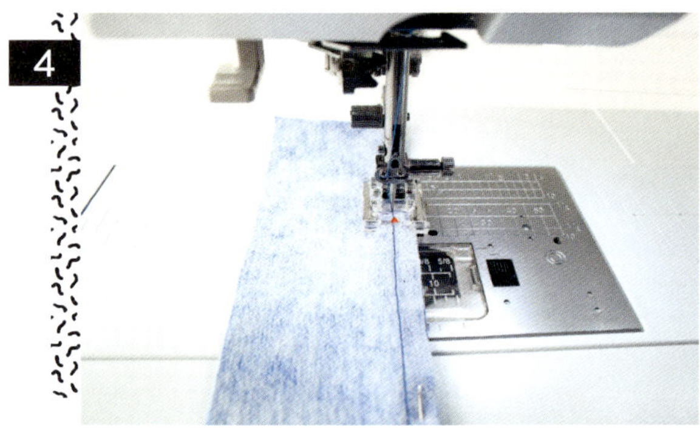

Bund und Futter rechts auf rechts zusammenstecken. Mit 1 cm Nahtzugabe auf der Naht des Paspelbands zusammensteppen.

5

Die Naht auf der Futterseite absteppen.

6

Die Unterkante der Futterseite 1 cm nach innen bügeln.

7

Bund auf links wenden und die Schmalseiten mit 1 cm Nahtzugabe zusammensteppen. Ecken der Nahtzugaben abschrägen, den Bund wieder auf rechts wenden.

8

Den Bund rechts auf rechts so an den Rock stecken, dass die Seitennähte links genau aufeinanderliegen. Am Rückenteil liegt der Reißverschluss in einer Linie mit dem Bundende. Am Vorderteil steht der Bund ein Stück über; dort wird das Knopfloch angebracht.

Mit 1 cm Nahtzugabe möglichst dicht am Umschlag des Futters zusammensteppen, ohne diesen jedoch in der Naht zu fassen.

9

Den Bund nach oben umschlagen und die Nahtzugaben nach innen schieben. Die Unterkante des Bundes absteppen, dabei das Futter in der gesamten Naht mitfassen.

10

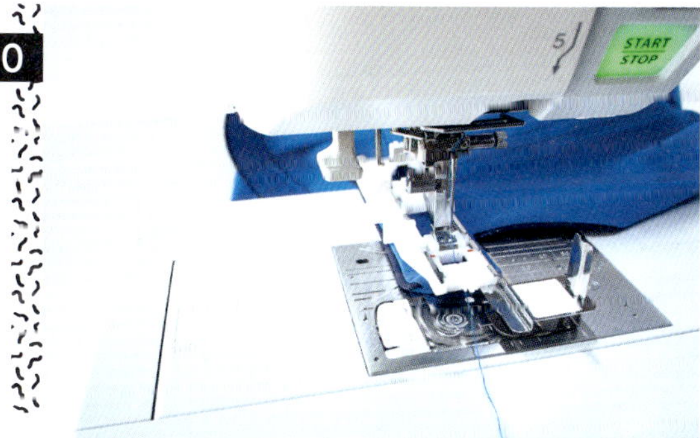

An der auf dem Schnittmuster markierten Stelle des vorderen Bundes das Knopfloch nähen. Den Knopf von Hand gegenüber am hinteren Bund annähen.

TAILLENBUND 2

Gerader Bund mit Festonkante

MATERIAL 10 cm Stoff (Stoffbreite 1,40 m)
1 nahtverdeckter Reißverschluss (22 cm Länge)
Bügeleinlage

STOFFEMPFEHLUNG Passend zum Hauptstoff

SCHNITTTEILE Bogen G, blaue Linien.
Der Stoff wird im Stoffbruch gelegt.

SCHNITTTEIL	ZUSCHNEIDEN	NAHTZUGABEN HINZUFÜGEN
Taillenbund vorn	2x, mit Bügeleinlage verstärken	Ringsum 1 cm
Taillenbund hinten	2x, mit Bügeleinlage verstärken	Ringsum 1 cm

ZUSCHNEIDEPLAN

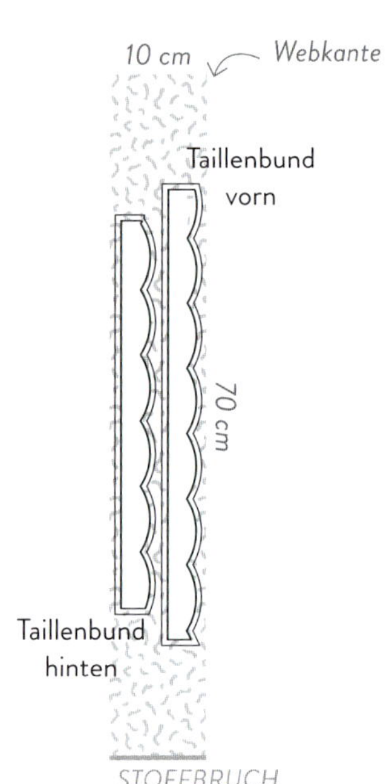

1

Den nahtverdeckten Reißverschluss so auf die rechte Seite des Rockes legen, dass das kunststoffverstärkte Ende 1 cm über die Oberkante hinausragt.

2

Mit dem Spezialnähfuß für nahtverdeckte Reißverschlüsse möglichst dicht an der Zahnkante feststeppen. Ganz langsam nähen und dabei den Reißverschluss mit dem Finger Stück für Stück öffnen.

Die Schritte auf der anderen Reißverschlussseite wiederholen. Vor dem Nähen den Reißverschluss schließen, um sicherzugehen, dass er richtig herum liegt.

Die rechte Seitennaht des Rockes schließen. Dazu möglichst dicht am Ende des nahtverdeckten Reißverschlusses beginnen, ohne diesen jedoch in der Naht zu fassen. Den Nahtbeginn durch einige Rückstiche verstärken.

3

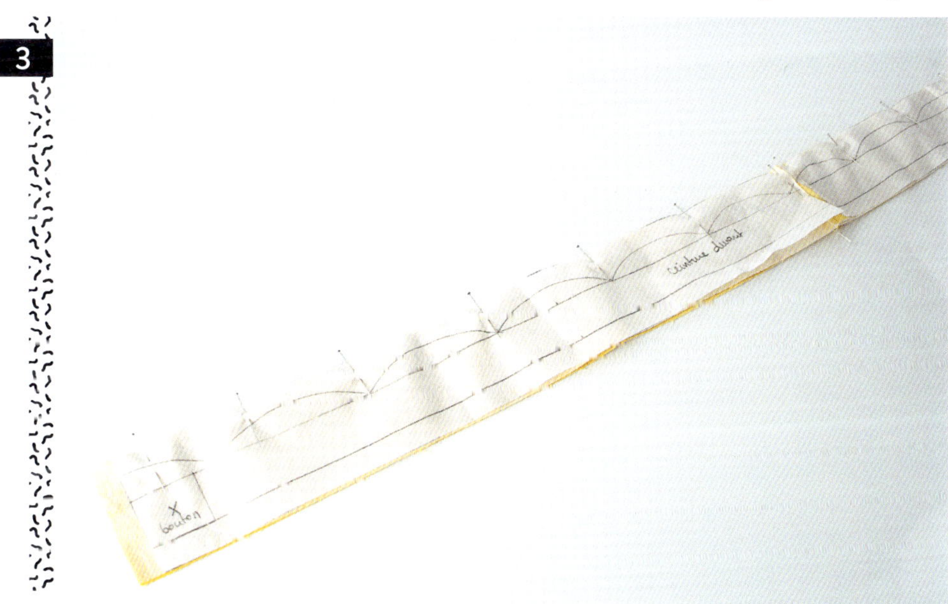

Vorderen und hinteren Bund mit 1 cm Nahtzugabe entlang der Festonkanten zuschneiden und an der linken Schmalseite rechts auf rechts zusammenstecken. Mit 1 cm Nahtzugabe zusammensteppen, Nahtzugaben auseinanderbügeln. An den Futterteilen (Bundinnenseite) wiederholen.

Beide Bundteile separat auf Seidenpapier abpausen und mit Nahtzugabe ausschneiden.

Taillenbund und Futter (Innenseite) rechts auf rechts so zusammenstecken, dass die Seitennähte genau aufeinanderliegen. Das Seidenpapier darauflegen.

TAILLENBUND 2

Gerader Bund mit Festonkante

4

Mit der Nähmaschine genau auf der Festonlinie auf dem Seidenpapier zusammensteppen.

5

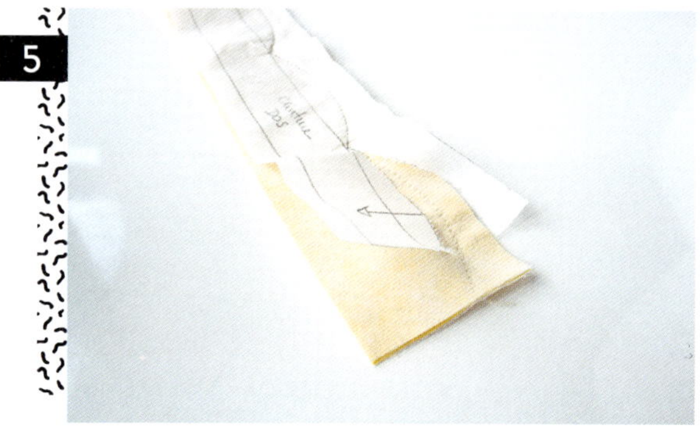

Das Seidenpapier vorsichtig abreißen.

6

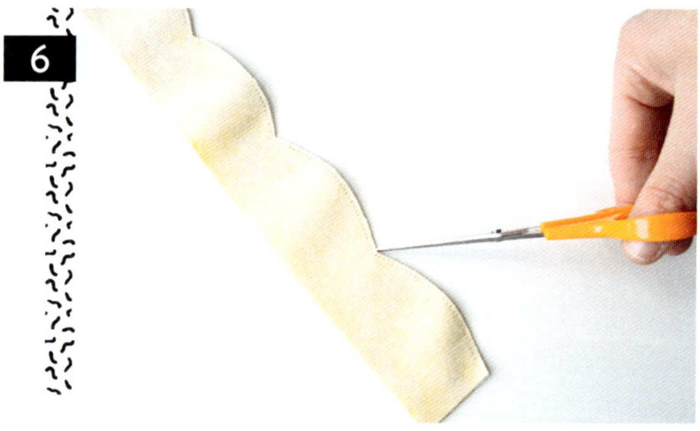

Nahtzugaben auf 2 mm zurückschneiden und zwischen den Festons bis möglichst dicht an die Naht einschneiden.

7

Den Bund auf rechts wenden und die Festons mithilfe eines spitzen Gegenstands schön ausformen. Sorgfältig bügeln.

8

Die Unterkante der Futterseite 1 cm nach innen bügeln.

9

Den Bund auf links wenden und die Schmalseiten mit 1 cm Nahtzugabe zusammensteppen. Ecken der Nahtzugaben abschrägen, den Bund wieder auf rechts wenden.

10

Den Bund rechts auf rechts so an den Rock stecken, dass die Seitennähte links genau aufeinanderliegen. Am Rückenteil liegt der Reißverschluss in einer Linie mit dem Bundende. Am Vorderteil steht der Bund ein Stück über; dort wird das Knopfloch angebracht.

11

Mit 1 cm Nahtzugabe möglichst dicht am Umschlag des Futters zusammensteppen, ohne diesen jedoch in der Naht zu fassen. Den Bund nach oben umschlagen und die Nahtzugaben nach innen schieben. Die Unterkante des Bundes absteppen, dabei das Futter in der gesamten Naht mitfassen.

An der auf dem Schnittmuster markierten Stelle des vorderen Bundes das Knopfloch nähen. Den Knopf von Hand gegenüber am hinteren Bund annähen.

TAILLENBUND 3

Gerader Bund mit Bindebändern

MATERIAL 30 cm Stoff (Stoffbreite 1,40 m)
1 nahtverdeckter Reißverschluss (22 cm Länge)
Bügeleinlage

STOFFEMPFEHLUNG Passend zum Hauptstoff

SCHNITTTEILE Bogen H, blaue Linien.
Der Stoff wird im Stoffbruch gelegt.

SCHNITTTEIL	ZUSCHNEIDEN	NAHTZUGABEN HINZUFÜGEN
Taillenbund vorn	2x, mit Bügeleinlage verstärken	Ringsum 1 cm
Taillenbund hinten	2x, mit Bügeleinlage verstärken	Ringsum 1 cm
Bindeband	2x direkt aufzeichnen Höhe: 8 cm Länge: siehe folgende Tabelle	Ringsum 1 cm, außer am Stoffbruch

LÄNGE DER BINDEBÄNDER (cm)

GRÖSSE	34	36	38	40	42	44
Bindeband 1	61	62	63	64	65	66
Bindeband 2	93	96	99	102	105	108

ZUSCHNEIDEPLAN

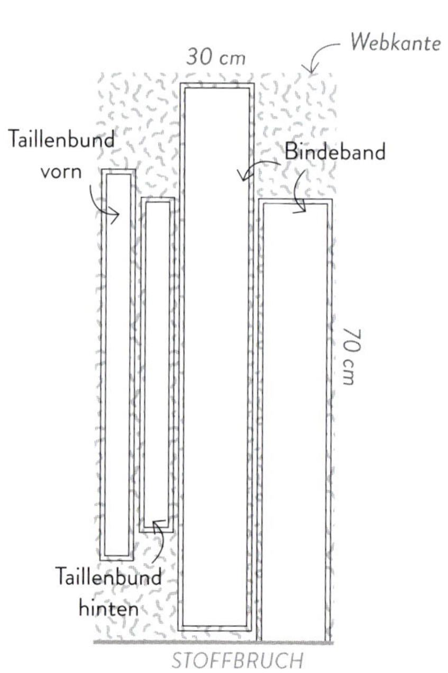

1

Den nahtverdeckten Reißverschluss so auf die rechte Seite des Rockes legen, dass das kunststoffverstärkte Ende 1 cm über die Oberkante hinausragt.

Mit dem Spezialnähfuß für nahtverdeckte Reißverschlüsse möglichst dicht an der Zahnkante feststeppen. Ganz langsam nähen und dabei den Reißverschluss mit dem Finger Stück für Stück öffnen.

Die Schritte auf der anderen Reißverschlussseite wiederholen. Vor dem Nähen den Reißverschluss schließen, um sicherzugehen, dass er richtig herum liegt.

Die rechte Seitennaht des Rockes schließen. Dazu möglichst dicht am Ende des nahtverdeckten Reißverschlusses beginnen, ohne diesen jedoch in der Naht zu fassen. Den Nahtbeginn durch einige Rückstiche verstärken.

2

Zur Anfertigung der Bindebänder die Schnittteile der Länge nach rechts auf rechts in der Mitte falten. An der Längsseite und einer Schmalseite mit 1 cm Nahtzugabe zusammensteppen.

Die Ecken der Nahtzugaben abschrägen und die Bänder wenden. So bügeln, dass die Naht im Falz liegt.

3

Die Enden der Bänder in Fältchen legen und so an den vorderen und hinteren Taillenbund stecken. Wenn sie vorn gebunden werden sollen, das lange Band an den hinteren Bund stecken, ansonsten an den vorderen Bund. Achtung, die Nahtzugaben oben und unten am Bund müssen frei bleiben.

TAILLENBUND 3

Gerader Bund mit Bindebändern

4

Den vorderen und hinteren Bund an der linken Schmalseite rechts auf rechts zusammenstecken. Mit 1 cm Nahtzugabe zusammensteppen, Nahtzugaben auseinanderbügeln. An den Futterteilen (Bundinnenseite) wiederholen.

5

Taillenbund und Futter an einer Längsseite zusammenstecken und mit 1 cm Nahtzugabe zusammensteppen. Dabei aufpassen, dass die Bindebänder nicht in der Naht mitgefasst werden.

6

Die Naht auf der Futterseite absteppen.

7

Die Unterkante der Futterseite 1 cm nach innen bügeln.

8

Den Bund auf links wenden und die Schmalseiten mit 1 cm Nahtzugabe zusammensteppen. Ecken der Nahtzugaben abschrägen, den Bund wieder auf rechts wenden.

9

Den Bund rechts auf rechts so an den Rock stecken, dass die Seitennähte links genau aufeinanderliegen. Am Rückenteil liegt der Reißverschluss in einer Linie mit dem Bundende. Am Vorderteil steht der Bund ein Stück über; dort wird das Knopfloch angebracht.

Mit 1 cm Nahtzugabe möglichst dicht am Umschlag des Futters zusammensteppen, ohne diesen jedoch in der Naht zu fassen.

Den Bund nach oben umschlagen und die Nahtzugaben nach innen schieben.

Die Unterkante des Bundes absteppen, dabei das Futter in der gesamten Naht mitfassen.

An der auf dem Schnittmuster markierten Stelle des vorderen Bundes das Knopfloch nähen. Den Knopf von Hand gegenüber am hinteren Bund annähen.

WENN SIE GENAU ZWISCHEN ZWEI GRÖSSEN LIEGEN

Fall 1: Taille Größe 40, Hüften Größe 38

Für den Taillenbund das Schnittmuster in der Größe der Taille verwenden, für den Rock das Schnittmuster in der Größe der Hüften.

1

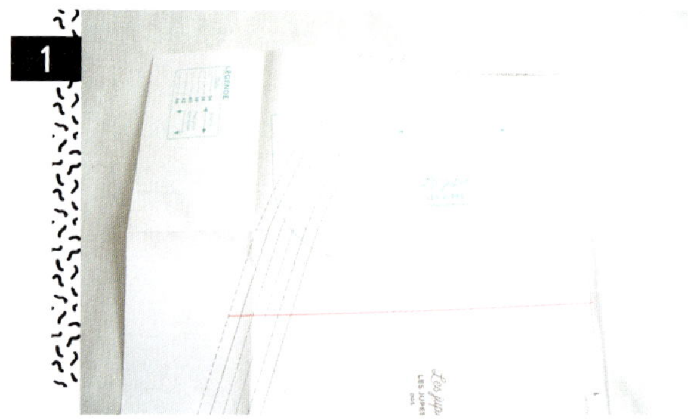

20 cm unterhalb der Taillenlinie senkrecht zum Fadenlauf eine Linie einzeichnen. Dies ist Ihre Hüftlinie.

2

Ab dieser Linie die Seitenlinie neu zeichnen: Den Hüftlinienpunkt der Größe 38 mit dem Taillenlinienpunkt der Größe 40 verbinden, dabei die leicht geschwungene Linienform beibehalten.

Fall 2: Taillenumfang 72 cm – genau zwischen Größe 38 und 40

In diesem Fall das Schnittmuster in Größe 38 verwenden; es müssen jedoch an Bund und Rocktaille 2 cm angefügt werden.

1

Taillenbund: 1 cm am vorderen Taillenbund, 1 cm am hinteren Taillenbund anfügen.

2

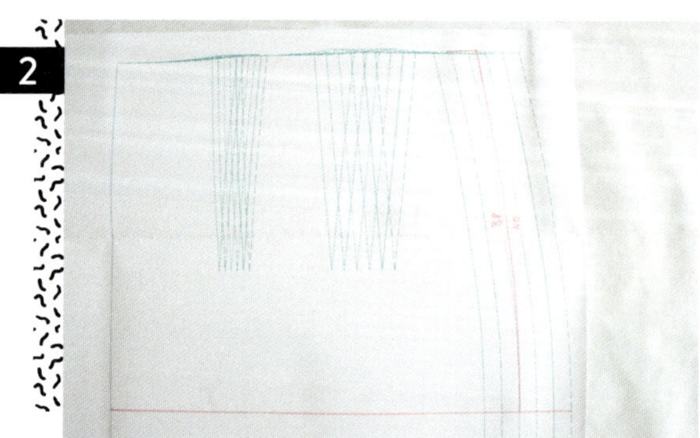

Für den Rock werden halbe Schnittmuster verwendet, daher müssen an der Seitennaht nur jeweils 0,5 cm angefügt werden. Die Seitenlinie mithilfe eines Kurvenlineals neu zeichnen.

WENN SIE SEHR KLEIN ODER SEHR GROSS SIND

1

30 cm unterhalb der Taille senkrecht zum Fadenlauf eine Linie einzeichnen. Das Schnittmuster an dieser Linie durchschneiden.

2

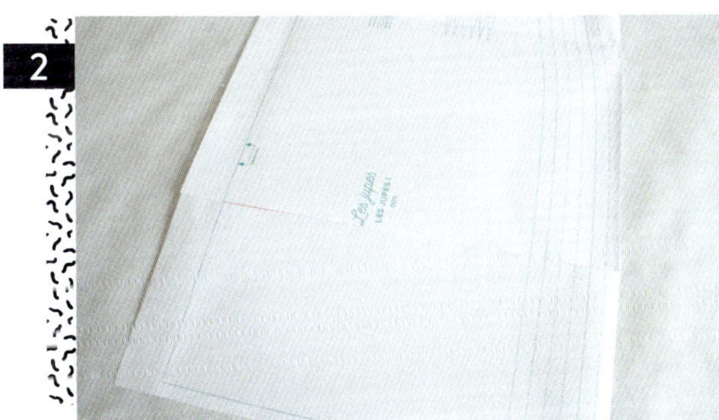

Wenn Sie klein sind ...

Das Schnittmuster auf dieser Linie durchschneiden. Die obere und untere Partie des Rockes um die Anzahl der Zentimeter, um die gekürzt werden soll, übereinanderschieben. Dabei darauf achten, dass die vordere bzw. rückwärtige Mitte jeweils auf einer Linie bleibt.

Die Seitenlinien mithilfe eines Kurvenlineals oder eines normalen Lineals neu zeichnen.

3

Wenn Sie groß sind ...

Auf einem neuen Bogen Papier eine Mittellinie und eine Senkrechte dazu aufzeichnen. Parallel zu der ersten Senkrechten im Abstand, um den der Rock verlängert werden soll, eine zweite Linie ziehen. Die untere Rockpartie auf die untere Linie kleben, die obere Rockpartie auf die obere Linie. Die vordere und rückwärtige Mitte muss jeweils auf einer Linie liegen.

Die Seitenlinien mithilfe eines Kurvenlineals oder eines normalen Lineals neu zeichnen.

JACKEN UND MÄNTEL

KREATION I

Stil 2
+
Ärmel 1
+
Extra 2
+
Ohne Futter

Stil 2
SEITE 140
Ärmel 1
SEITE 146
Ohne Futter
SEITE 158
Extra 2
SEITE 152

KREATION 2
Stil 3
+
Ärmel 2
+
Mit Futter
Ärmel 2
SEITE 148

Mit Futter
SEITE 154
Stil 3
SEITE 144

JACKEN UND MÄNTEL
KREATION 3
Stil 1
+
Ärmel 1
+
Extra 1
+
Mit Futter
Mit Futter
SEITE 154

Extra 1
SEITE 150
Stil 1
SEITE 138
Ärmel 1
SEITE 146

KREATION 4
Stil 3
+
Ärmel 2
+
Ohne Futter
Ärmel 2
SEITE 148
Ohne Futter
SEITE 156

Stil 3
SEITE 144

JACKEN UND MÄNTEL

Aus diesem vielseitigen Schnittmuster können Mäntel oder Jacken für die Übergangszeit gearbeitet werden. Länge, Verschlüsse, Ärmel etc. können nach Belieben kombiniert werden – kreieren Sie Ihren persönlichen Stil!

NÄHANLEITUNG

1 Für Ihre persönliche Kreation wählen Sie 1 Stil, 1 Ärmel, die Option mit und ohne Futter sowie eventuell weitere Extras aus.

2 Mithilfe der Größentabelle (S. 7) die Konfektionsgröße bestimmen.

3 Mit Seidenpapier die benötigten Schnittteile in der gewünschten Größe von den angegebenen Schnittmusterbogen abpausen.

4 Falls nötig, die Schnittmuster mithilfe der Tipps in diesem Buch an Ihre Maße anpassen. Die Schnittmuster der Jacken und Mäntel basieren auf derselben Konstruktion wie die der Blusen; für eventuelle Abänderungen gelten daher die bereits beschriebenen Anleitungen:

- Anpassen eines Schnittmusters an der Brust, Seite 90
- Wenn Sie genau zwischen zwei Größen liegen, S. 91
- Wenn Sie sehr klein oder sehr groß sind, S. 92

5 Zur Berechnung der insgesamt benötigten Stoffmenge die Angaben für die einzelnen Partien Ihrer persönlichen Kreation addieren. Den Stoff nach dem Zuschneideplan der gewählten Schnittteile (Halsausschnitt, Ärmel, Extras) zuschneiden.

6 Den Halsausschnitt im Stil Ihrer persönlichen Kreation anfertigen.

- Stil 1, Seite 138
- Stil 2, Seite 140
- Stil 3, Seite 144

7 Falls Ihr Modell eine Paspeltasche bekommen soll, fertigen Sie diese jetzt gleich an.

- Extra 2, Seite 152

8 Die Ärmel Ihrer persönlichen Kreation anfertigen und einnähen.

- Ärmel 1, Seite 146
- Ärmel 2, Seite 148

9 Die Jacke oder den Mantel mit oder ohne Futter arbeiten.

- Mit Futter, Seite 154
- Ohne Futter, Seite 158

10 Die Verschlussart der Jacke oder des Mantels arbeiten.

- Stil 1, Seite 138
- Stil 2, Seite 140
- Stil 3, Seite 144

11 Nach Belieben zusätzlich den abnehmbaren Kragen anfertigen.

- Extra 1, Seite 150

STIL I

Doppelt geknöpft

MATERIAL 1,60 m Stoff (Stoffbreite 1,40 m)
4 Knöpfe (Durchmesser 25 mm)

STOFFEMPFEHLUNG Mittelschwere bis schwere Jacken- und Mantelstoffe, z. B. Jacquard, Twill, Wollkrepp, Doppel-Wollkrepp

SCHNITTTEILE Bogen I & J, rosa Linien.
Der Stoff wird im Stoffbruch gelegt.

SCHNITTTEIL	ZUSCHNEIDEN	NAHTZUGABEN HINZUFÜGEN
Vorderteil	2x	Ringsum 1 cm
Rückenteil	1x im Stoffbruch	Ringsum 1 cm, außer am Stoffbruch

ZUSCHNEIDEPLAN

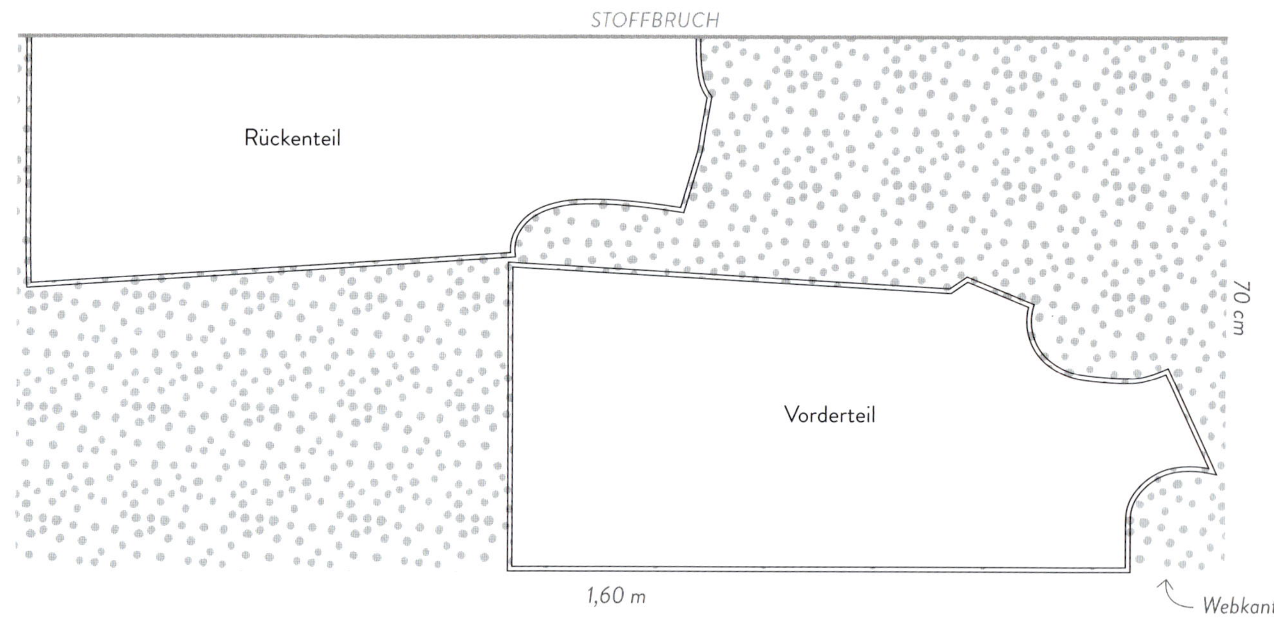

1

An den Vorderteilen die Brustabnäher, am Rückenteil die Schulterabnäher steppen.

2

Vorderteile an Schultern und Seiten rechts auf rechts an das Rückenteil stecken. Mit 1 cm Nahtzugabe zusammensteppen. Wenn Sie ein Futter einnähen wollen, die Nahtzugaben auseinanderbügeln, nicht versäubern. Ansonsten die Nahtzugaben versäubern und zum Rückenteil umbügeln.

AN DIESER STELLE DIE ÄRMEL (S. 146 ODER 148) UND DAS FUTTER (S. 154 ODER 158) ARBEITEN.

3

Gemäß den auf dem Schnittmuster eingezeichneten Markierungen die Knopflöcher nähen und die Knöpfe von Hand gegenüber annähen. Die Vorderteile müssen 10 cm übereinanderliegen. Das rechte Vorderteil liegt oben.

STIL 2

Trench

MATERIAL 2,20 m Stoff (Stoffbreite 1,40 m)
4 Druckknöpfe zum Annähen (Durchmesser 20 mm)
2 m vorgefalztes Schrägband (Breite 1 cm)

STOFFEMPFEHLUNG Mittelschwere Jackenstoffe, z. B. Twill, gewachste Baumwolle

SCHNITTTEILE Bogen I & J, blaue und rosa Linien.
Der Stoff wird im Stoffbruch gelegt.

SCHNITTTEIL	ZUSCHNEIDEN	NAHTZUGABEN HINZUFÜGEN
Vorderteil	2x	Ringsum 1 cm
Rückenteil	1x im Stoffbruch	Ringsum 1 cm, außer am Stoffbruch
Trenchpasse	2x	Ringsum 1 cm
Bindegürtel	Direkt auf den Stoff zeichnen, Breite: 10 cm Länge: 1,40 m	Ringsum 1 cm
Gürtelschlaufe	Direkt auf den Stoff zeichnen, 2x Länge: 8 cm Breite: 2 cm	Ringsum 1 cm

ZUSCHNEIDEPLAN

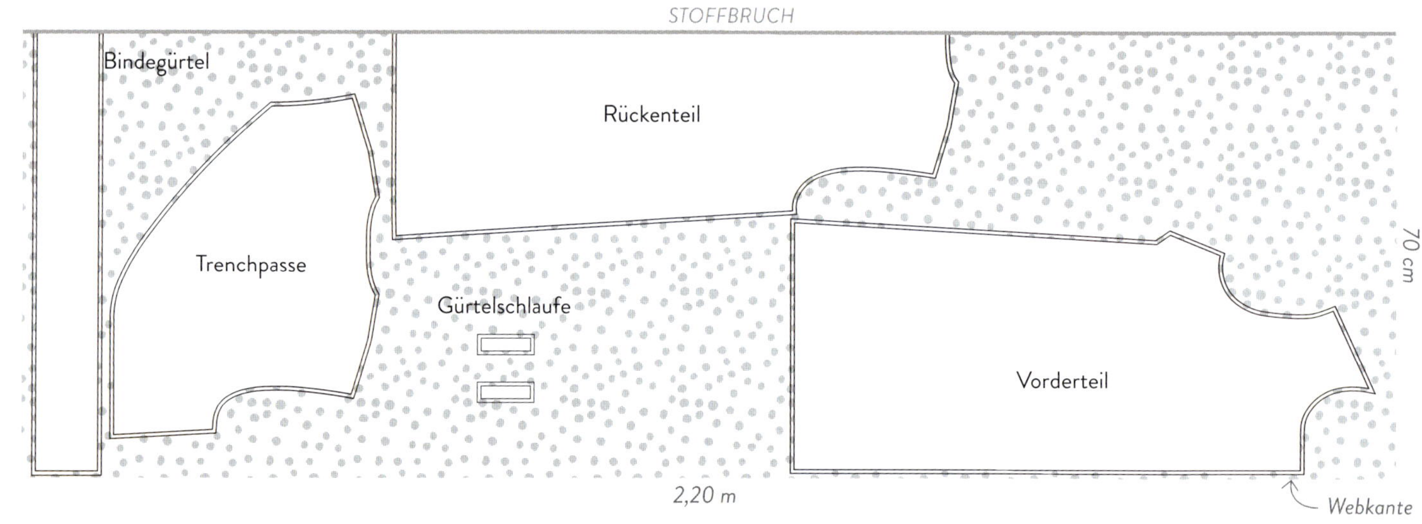

1

An den Vorderteilen die Brustabnäher, am Rückenteil die Schulterabnäher steppen.

2

An den beiden Teilen der Rückenpasse die Abnäher steppen (insgesamt vier Abnäher).

3

Das Schrägband auffalten und rechts auf rechts an die Unterkante eines Passenteils stecken. Mit 1 cm Nahtzugabe im mittleren Falz feststeppen. Nahtzugaben auf etwa 3 mm zurückschneiden.

4

Das Schrägband auf die Innenseite umschlagen und ca. 8 mm breit feststeppen. Schritt 3 und 4 am zweiten Passenteil wiederholen.

Für eine unsichtbare Naht einen Oberfaden in der Farbe des Schrägbands und einen Unterfaden in der Farbe des Oberstoffs verwenden.

5

Beide Passenteile überlappend auf das Rückenteil legen und an Schultern und Seiten mit 0,5 cm Nahtzugabe feststeppen.

6

Die Vorderteile an Schultern und Seiten rechts auf rechts an das Rückenteil stecken. Mit 1 cm Nahtzugabe zusammensteppen. Wenn Sie ein Futter einnähen wollen, die Nahtzugaben auseinanderbügeln, nicht versäubern. Ansonsten die Nahtzugaben versäubern und zum Rückenteil umbügeln.

7

Die Gürtelschlaufen anfertigen. Die Streifen der Länge nach rechts auf rechts falten und mit 1 cm Nahtzugabe zusammensteppen. Mithilfe einer Wendenadel wenden, bügeln. An den auf dem Schnittmuster markierten Positionen auf den Seitennähten annähen.

8

Den Streifen für den Gürtel längs rechts auf rechts falten und mit 1 cm Nahtzugabe auch an den Schmalseiten zusammensteppen. Etwa in der Mitte der Längsseite eine Öffnung von ca. 5 cm lassen. Nahtzugaben an den Ecken abschrägen, den Gürtel auf rechts wenden. Bügeln und die Öffnung mit Handstichen schließen.

AN DIESER STELLE DIE ÄRMEL (S. 146 ODER 148) UND DAS FUTTER (S. 154 ODER 158) ARBEITEN

9

Gemäß den auf dem Schnittmuster eingezeichneten Markierungen die Druckknöpfe annähen. Die Vorderteile liegen 4 cm übereinander. Das rechte Vorderteil liegt oben.

STIL 3

Verdeckter Verschluss mit Rüsche

MATERIAL 1,70 m Stoff (Stoffbreite 1,40 m)
4 Druckknöpfe zum Annähen
(Durchmesser 20 mm)

STOFFEMPFEHLUNG Leichte bis mittelschwere Jacken- und Mantelstoffe, z. B. Jacquard, Twill, Wollkrepp, Doppel-Wollkrepp

SCHNITTTEILE Bogen I & J, rosa Linien.
Der Stoff wird im Stoffbruch gelegt.

SCHNITTTEIL	ZUSCHNEIDEN	NAHTZUGABEN HINZUFÜGEN
Vorderteil	2x	Ringsum 1 cm
Rückenteil	1x im Stoffbruch	Ringsum 1 cm, außer am Stoffbruch
Rüsche	Direkt auf den Stoff zeichnen, Breite: 5 cm Länge: 1,20 m	Ringsum 1 cm

ZUSCHNEIDEPLAN

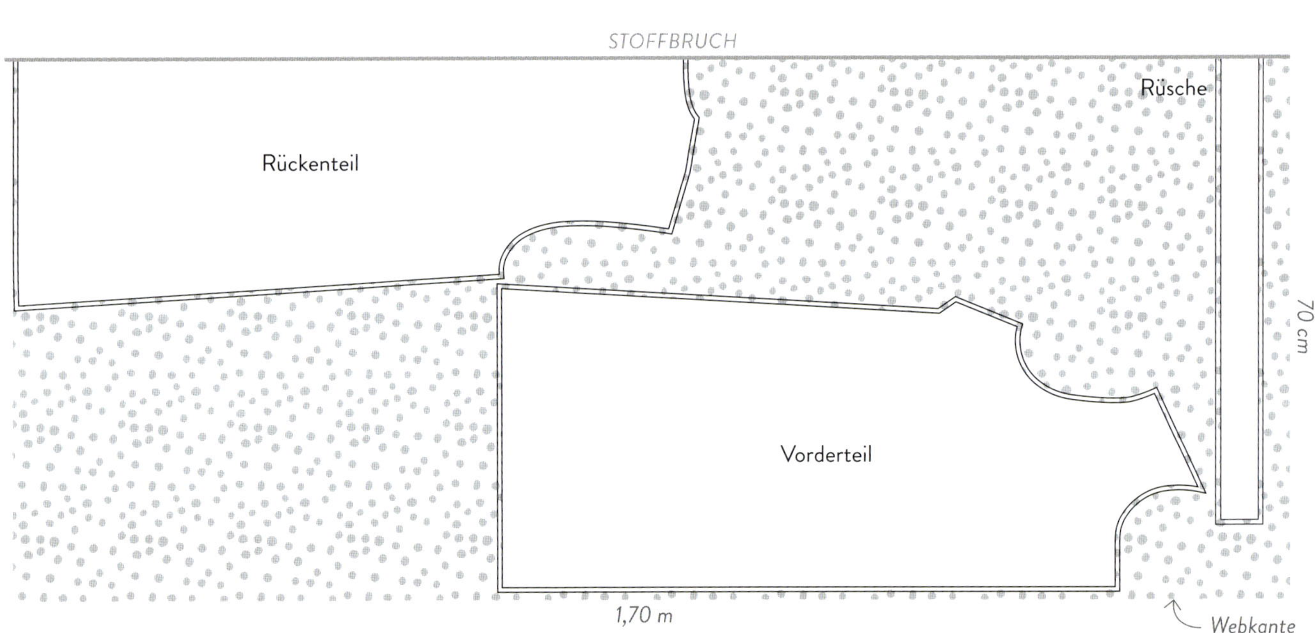

1

An den Vorderteilen die Brustabnäher, am Rückenteil die Schulterabnäher steppen.

2

Die Vorderteile an Schultern und Seiten rechts auf rechts an das Rückenteil stecken. Mit 1 cm Nahtzugabe zusammensteppen. Wenn Sie ein Futter einnähen wollen, die Nahtzugaben nur auseinanderbügeln. Ansonsten die Nahtzugaben versäubern und zum Rückenteil bügeln.

3

Den Streifen für die Rüsche der Länge nach rechts auf rechts falten und die Schmalseiten mit 1 cm Nahtzugabe zusammensteppen. Nahtzugaben der Ecken abschrägen, auf rechts wenden. Den Umbruch einbügeln.

4

Im Geradstich an der Längskante zwei Kräuselnähte anbringen. Dazu die größtmögliche Stichlänge und die niedrigste Fadenspannung einstellen. Die erste Naht 0,5 cm, die zweite 1,5 cm vom Rand entfernt nähen.

5

Durch Ziehen an den Unterfäden den Stoff einkräuseln.

6

Die Kräuselfalten gleichmäßig an der Mitte des rechten Vorderteils verteilen; dabei an den Enden 1 cm Nahtzugabe lassen. Mit 1 cm Nahtzugabe feststeppen, Kräuselfäden entfernen.

AN DIESER STELLE DIE ÄRMEL (S. 146 ODER 148) UND DAS FUTTER (S. 154 ODER 158) ARBEITEN.

7

Wie auf dem Schnittmuster markiert, die Druckknöpfe annähen. Die Vorderteile überschneiden sich um 4 cm. Das rechte Vorderteil liegt unten.

ÄRMEL I

Langer Ärmel mit abgerundetem Schlitz

MATERIAL 0,70 m Stoff (Stoffbreite 1,40 m)
Bügeleinlage

STOFFEMPFEHLUNG Passend zum Hauptstoff

SCHNITTTEILE Bogen I & J, blaue Linien.
Der Stoff wird im Stoffbruch gelegt.

SCHNITTTEIL	ZUSCHNEIDEN	NAHTZUGABEN HINZUFÜGEN
Oberärmel	2x	Ringsum 1 cm
Unterärmel	2x	Ringsum 1 cm
Besatz Oberärmel	2x, mit Bügeleinlage verstärken	Ringsum 1 cm
Besatz Unterärmel	2x, mit Bügeleinlage verstärken	Ringsum 1 cm

ZUSCHNEIDEPLAN

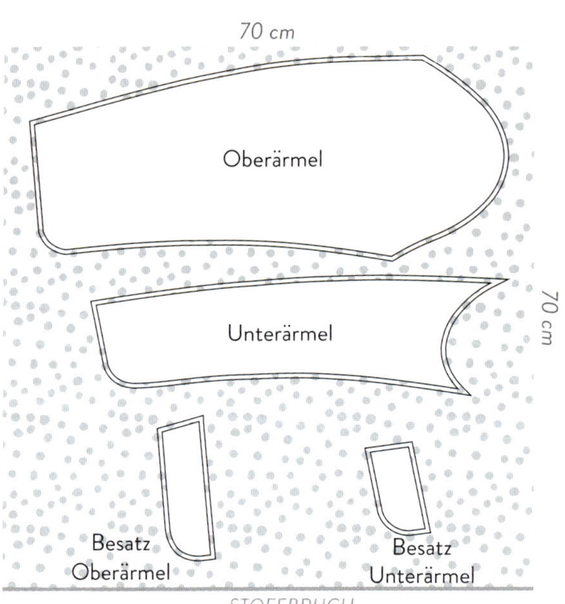

1

Ober- und Unterärmel rechts auf rechts zusammenstecken, dabei die Passzeichen auf dem Schnittmuster beachten. Mit 1 cm Nahtzugabe zusammensteppen. Wenn Sie ein Futter einnähen wollen, die Nahtzugaben auseinanderbügeln, nicht versäubern. Ansonsten die Nahtzugaben versäubern und zum Rücken umbügeln.

2

Ärmelbesätze mit Bügeleinlage verstärken, unter Beachtung der Richtung rechts auf rechts zusammenstecken, mit 1 cm Nahtzugabe zusammensteppen. Nahtzugaben auseinanderbügeln.

3

Ärmel auf rechts, Besätze auf links wenden. Die Besätze unten über den Ärmel schieben, sodass die Nähte deckungsgleich aufeinanderliegen. Mit 1 cm Nahtzugabe zusammensteppen, dabei der abgerundeten Kante am Schlitz folgen. Nahtzugaben am Schlitz auf 2 mm zurückschneiden und am Schlitzende bis möglichst dicht an die Naht einschneiden. Auf rechts wenden und bügeln.

4

Zum Einnähen der Ärmel das Oberteil auf links, den Ärmel auf rechts wenden. Darauf achten, dass die Passzeichen genau aufeinanderliegen.

ÄRMEL 2

Dreiviertelärmel mit Rüsche

MATERIAL 70 cm Stoff (Stoffbreite 1,40 m)
Bügeleinlage

STOFFEMPFEHLUNG Passend zum Hauptstoff

SCHNITTTEILE Bogen I & J, blaue Linien.
Der Stoff wird im Stoffbruch gelegt.

SCHNITTTEIL	ZUSCHNEIDEN	NAHTZUGABEN HINZUFÜGEN
Oberärmel	2x	Ringsum 1 cm
Unterärmel	2x	Ringsum 1 cm
Besatz Oberärmel	2x, mit Bügeleinlage verstärken	Ringsum 1 cm
Besatz Unterärmel	2x, mit Bügeleinlage verstärken	Ringsum 1 cm
Rüsche	Direkt auf den Stoff zeichnen, 2x Breite: 5 cm Länge: 40 cm	Ringsum 1 cm

ZUSCHNEIDEPLAN

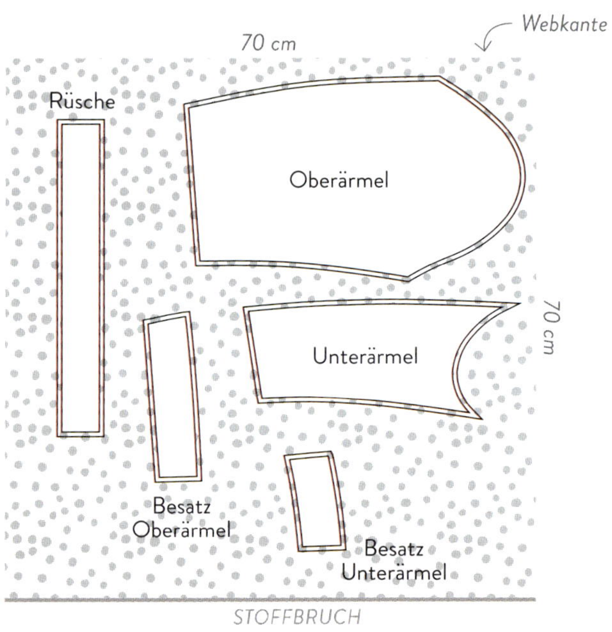

1

Ober- und Unterärmel rechts auf rechts zusammenstecken, dabei die Passzeichen auf dem Schnittmuster beachten. Mit 1 cm Nahtzugabe zusammensteppen. Wenn Sie ein Futter einnähen wollen, die Nahtzugaben auseinanderbügeln, nicht versäubern. Ansonsten die Nahtzugaben versäubern und auseinanderbügeln.

2

Die Schmalseiten jedes Rüschenstreifens rechts auf rechts aufeinanderlegen und mit 1 cm Nahtzugabe zusammensteppen. Nahtzugaben auseinanderbügeln. Die Streifen der Länge nach links auf links falten.

Im Geradstich zwei Kräuselnähte anbringen. Dazu die größtmögliche Stichlänge und die niedrigste Fadenspannung einstellen. Die erste Naht 0,5 cm, die zweite 1,5 cm vom Rand entfernt nähen.

3

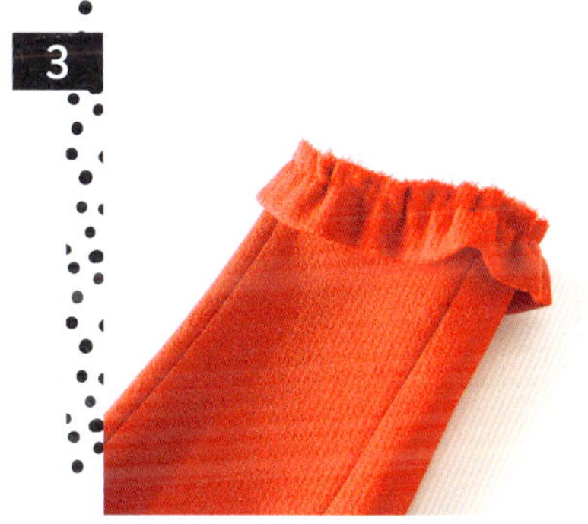

Den Ärmel auf rechts wenden. Die Rüsche um den Ärmelsaum legen und durch Ziehen der Unterfäden einkräuseln. Die Kräuselfalten gleichmäßig verteilen. Mit 1 cm Nahtzugabe feststeppen.

4

Ärmelbesätze mit Bügeleinlage verstärken, unter Beachtung der Richtung rechts auf rechts zusammenstecken, mit 1 cm Nahtzugabe zusammensteppen. Nahtzugaben auseinanderbügeln.

5

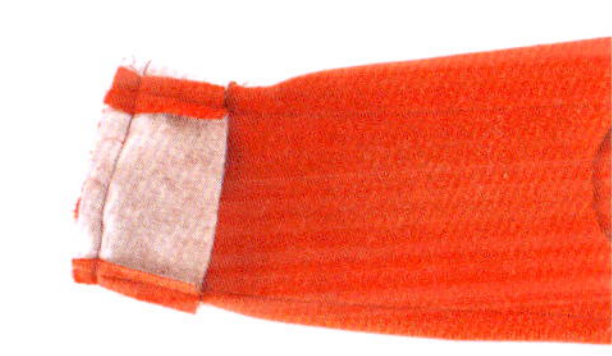

Ärmel auf rechts, Besätze auf links wenden. Die Besätze unten über den Ärmel schieben, sodass die Nähte deckungsgleich aufeinanderliegen. Mit 1 cm Nahtzugabe genau auf der Rüschennaht zusammensteppen.

6

Die Besätze auf rechts wenden und absteppen; dabei alle Nahtzugaben mit in der Naht fassen.

7

Zum Einnähen der Ärmel das Oberteil auf links, den Ärmel auf rechts wenden. Darauf achten, dass die Passzeichen genau aufeinanderliegen.

EXTRA I

Abnehmbarer Kragen

MATERIAL 50 cm Hauptstoff (Stoffbreite 1,40 m)
20 cm Plüschstoff
7 Druckknöpfe zum Annähen (Durchmesser 7 mm)
Bügeleinlage

STOFFEMPFEHLUNG Passend zum Hauptstoff

SCHNITTTEILE Bogen I, blaue Linien.
Der Stoff wird im Stoffbruch gelegt (Stoff von beiden Seiten zur Mitte gefaltet).

SCHNITTTEIL	ZUSCHNEIDEN	NAHTZUGABEN HINZUFÜGEN
Kragen	1x im Stoffbruch aus Hauptstoff mit Bügeleinlage verstärken 1x im Stoffbruch aus Plüsch	Ringsum 1 cm, außer am Stoffbruch
Kragensteg	2x im Stoffbruch	Ringsum 1 cm, außer am Stoffbruch

ZUSCHNEIDEPLAN

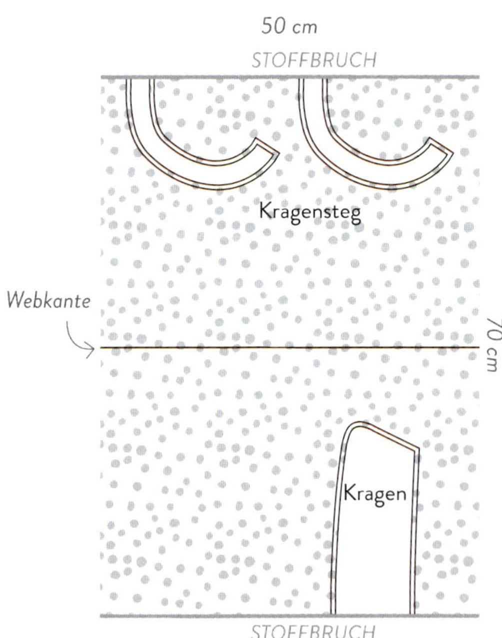

1

Die Kragenteile aus Hauptstoff und Plüsch rechts auf rechts zusammenstecken. Außer an der kürzeren Längsseite mit 1 cm Nahtzugabe zusammensteppen. Nahtzugaben an den Ecken auf 2 mm zurückschneiden. Auf rechts wenden und bügeln.

2

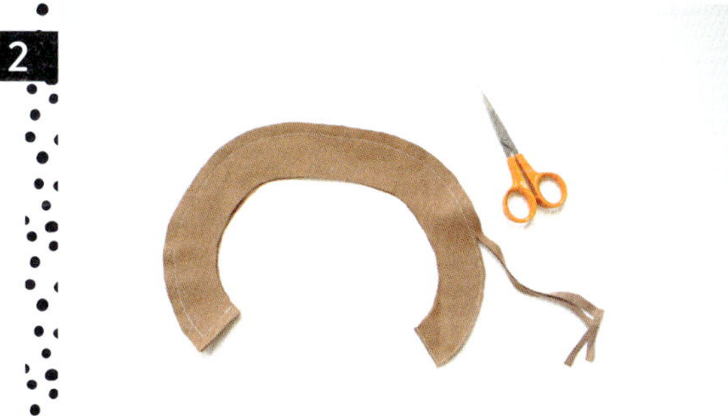

Die Kragenstegteile rechts auf rechts zusammenstecken. Mit 1 cm Nahtzugabe im Bogen an der längeren Längsseite sowie den Schmalseiten zusammensteppen. Nahtzugaben entlang der gesamten Naht auf 2 mm zurückschneiden. Auf rechts wenden und bügeln.

3

Den Kragensteg kantenbündig rechts auf rechts an den Hauptstoff des Kragens stecken. Der Kragensteg steht beidseits 1 cm über. Mit 1 cm Nahtzugabe zusammensteppen, ohne den Plüschkragen mitzufassen.

4

Die offene Kante des Plüschkragens 1 cm nach innen umschlagen und den Kragen von Hand an den Kragensteg nähen.

5

Die 7 Druckknöpfe auf dem Kragensteg verteilen und von Hand annähen. Die Gegenstücke der Druckknöpfe gegenüber am Besatz des Halsausschnitts Ihrer Kreation annähen.

EXTRA 2

Paspeltasche

MATERIAL 30 cm Stoff (Stoffbreite 1,40 m)
Bügeleinlage

STOFFEMPFEHLUNG Passend zum Hauptstoff

SCHNITTTEILE Bogen I & J, rosa Linien.
Der Stoff wird im Stoffbruch gelegt.

SCHNITTTEIL	ZUSCHNEIDEN	NAHTZUGABEN HINZUFÜGEN
Patte	2x, mit Bügeleinlage verstärken	Ringsum 1 cm
Oberer Taschenbeutel	2x	Ringsum 1 cm
Unterer Taschenbeutel	2x	Ringsum 1 cm

ZUSCHNEIDEPLAN

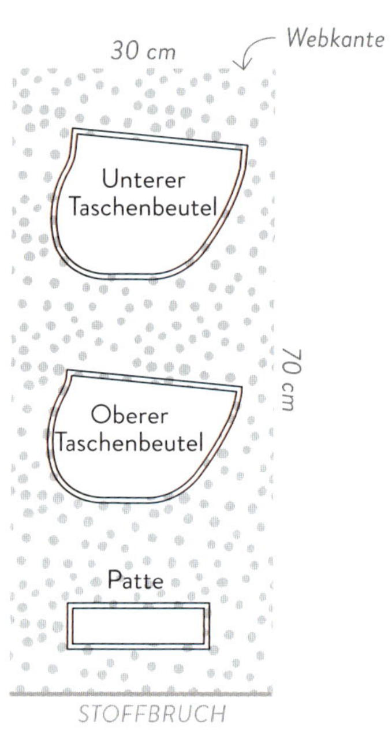

1

Die Position der Tasche vom Schnittmuster direkt auf die rechte Stoffseite übertragen. Bei sehr feinem Stoff diesen Bereich verstärken.

2

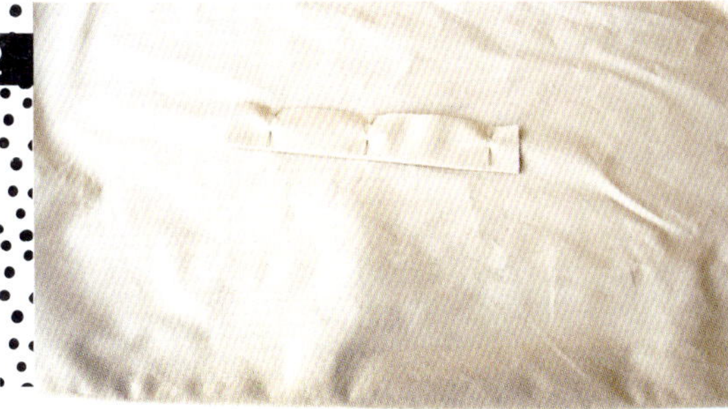

Die Patte mit Bügeleinlage verstärken und der Länge nach links auf links falten. Mit dem Umbruch zur vorderen Mitte an die untere Taschenmarkierung anlegen.

3

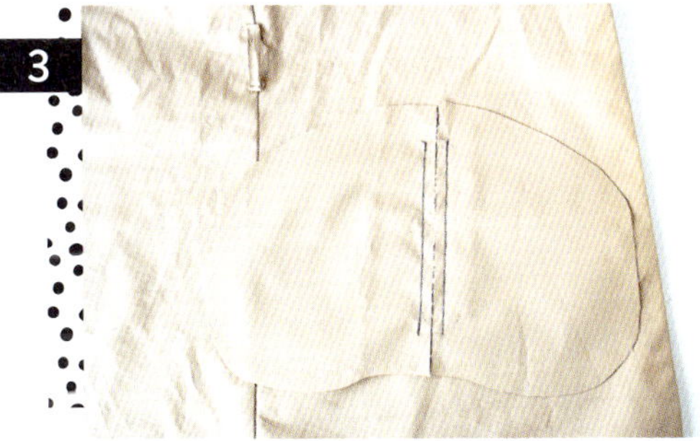

Den oberen Taschenbeutel rechts auf rechts auf die Patte legen. Gegenüber rechts auf rechts den unteren Taschenbeutel auflegen. Zwischen den Markierungen auf den Taschenbeuteln mit 1 cm Nahtzugabe feststeppen.

4

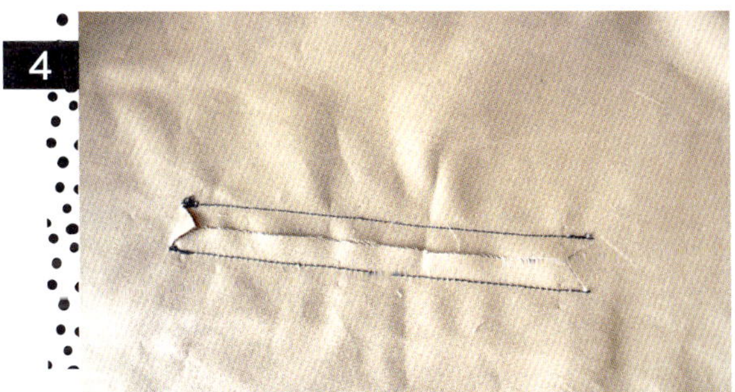

Von links den Stoff zwischen den beiden Nähten einschneiden. An den Enden des Einschnitts diagonal bis möglichst dicht an die Enden der Nähte schneiden.

5

Die Patte und die Taschenbeutel nach innen wenden. Die „Dreiecke" mit der Patte und dem unteren Taschenbeutel zusammensteppen.

6

Von rechts bügeln.

7

Zum Schließen der Tasche den unteren und oberen Taschenbeutel mit 1 cm Nahtzugabe zusammensteppen.

MIT FUTTER

MATERIAL 1,60 m Futterstoff (Stoffbreite 1,40 m)
1 m Hauptstoff (Stoffbreite 1,40 m)
Bügeleinlage

STOFFEMPFEHLUNG Leichte Futterstoffe, z. B. Acetat, Viskose, Taft, Seidentwill, Satin

SCHNITTTEILE Bogen I & J, rosa und blaue Linien.
Der Stoff wird im Stoffbruch gelegt.

	SCHNITTTEIL	ZUSCHNEIDEN	NAHTZUGABEN HINZUFÜGEN
FUTTER-STOFF	Futter Vorderteil	2x	Ringsum 1 cm
	Futter Rückenteil	1x im Stoffbruch	Ringsum 1 cm, außer am Stoffbruch
	Futter Oberärmel	2x	Ringsum 1 cm
	Futter Unterärmel	2x	Ringsum 1 cm
OBER-STOFF	Besatz Halsausschnitt vorn	2x, mit Bügeleinlage verstärken	Ringsum 1 cm
	Besatz Halsausschnitt hinten	1x im Stoffbruch, mit Bügeleinlage verstärken	Ringsum 1 cm, außer am Stoffbruch
	Besatz Saum vorn	2x, mit Bügeleinlage verstärken	Ringsum 1 cm
	Besatz Saum hinten	1x im Stoffbruch, mit Bügeleinlage verstärken	Ringsum 1 cm, außer am Stoffbruch

ZUSCHNEIDEPLAN

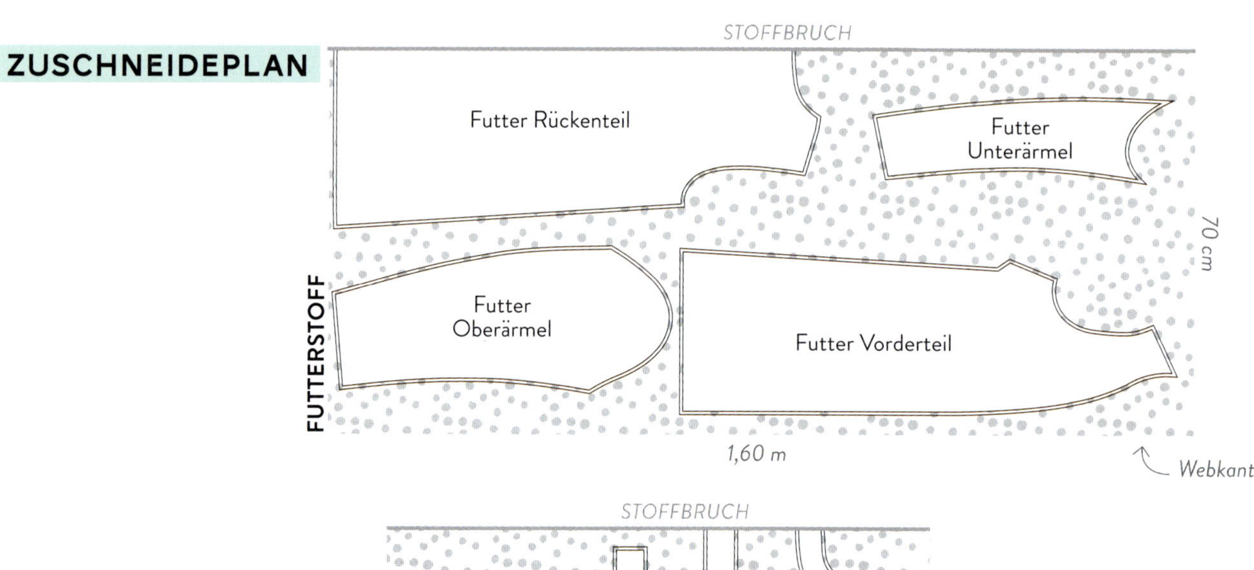

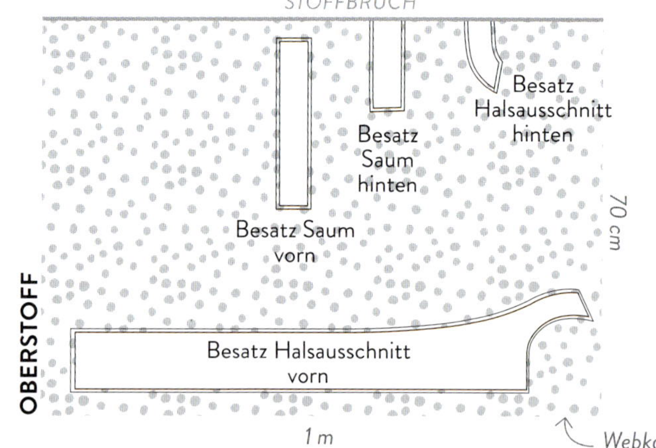

1

Halsausschnittbesätze mit Bügeleinlage verstärken.

Den hinteren Halsausschnittbesatz an den Schultern kantenbündig rechts auf rechts an die vorderen Halsausschnittbesätze stecken. Mit 1 cm Nahtzugabe zusammensteppen, Nahtzugaben auseinanderbügeln.

2

Die Halsausschnittbesätze kantenbündig rechts auf rechts an den Mantel stecken (Schulternähte deckungsgleich). An der vorderen Mitte und dem Halsausschnitt mit 1 cm Nahtzugabe feststeppen.

3

Die Naht auf der Besatzseite absteppen, dabei die Nahtzugaben mitfassen. Die abgesteppte Naht in drei Partien arbeiten: jeweils eine Steppnaht an der vorderen Mitte und eine am Halsausschnitt.

4

Die Saumbesätze an den Schmalseiten rechts auf rechts zusammenstecken. Mit 1 cm Nahtzugabe zusammensteppen, Nahtzugaben auseinanderbügeln.

5

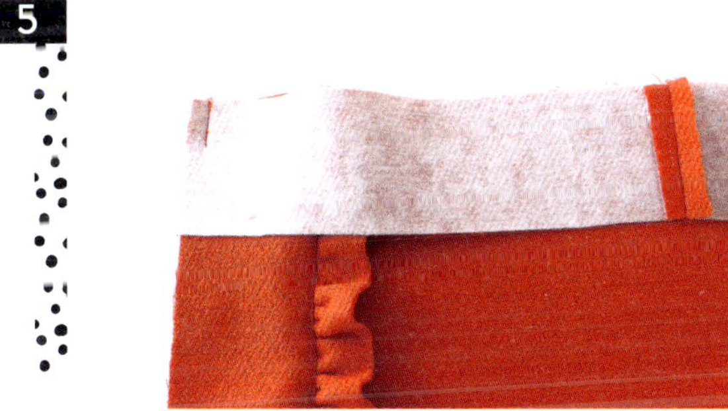

Die vorderen Saumbesätze kantenbündig rechts auf rechts an die vorderen Halsausschnittbesätze stecken. Ab der Unterkante 1 cm vom Seitenrand entfernt eine 2 cm lange Naht steppen.

6

Dann entlang der Unterkante mit 1 cm Nahtzugabe feststeppen. Dabei darauf achten, dass die Seitennähte von Oberstoff und Saumbesätzen deckungsgleich liegen.

7

Diese Naht absteppen, dabei die Nahtzugaben mitfassen.

8

Nun wird das Mantelfutter genäht. Dazu an Vorderteilen und Rückenteil die Abnäher steppen. Die Vorderteile an Schultern und Seiten an das Rückenteil steppen.

9

Die Ärmelnähte des Futters schließen, dabei an jedem Ärmel in der Mitte eine Öffnung von etwa 10 cm lassen. Die Ärmel in den Armausschnitt des Futters einnähen.

10

Den Mantel auf rechts, das Futter auf links wenden. Das Futter an den Ärmeln in den Mantel schieben.

11

Die Unterkante des Futters kantenbündig rechts auf rechts an die Saumbesätze stecken. Die Seitennähte liegen aufeinander. Mit 1 cm Nahtzugabe feststeppen.

12

Die Halsausschnittbesätze nach außen umschlagen und rechts auf rechts an das Futter stecken. Die Schulternähte liegen genau aufeinander.

13

Das Futter zwischen den vorderen Halsausschnittbesatz und den vorderen Saumbesatz umschlagen. Mit 1 cm Nahtzugabe in Verlängerung der 2 cm langen Naht aus Schritt 5 zusammensteppen.

14

Vor dem Wenden des Mantels die Nahtzugaben des Mantels und die des Saumbesatzes mit einigen Stichen von Hand links auf links zusammennähen. Den Mantel durch eine der Öffnungen am Ärmel vorsichtig auf rechts wenden.

15

Nun wird das Ärmelfutter zusammengenäht. Die Hand durch die Öffnung am Ärmel zwischen Futter und Oberstoff schieben.

16

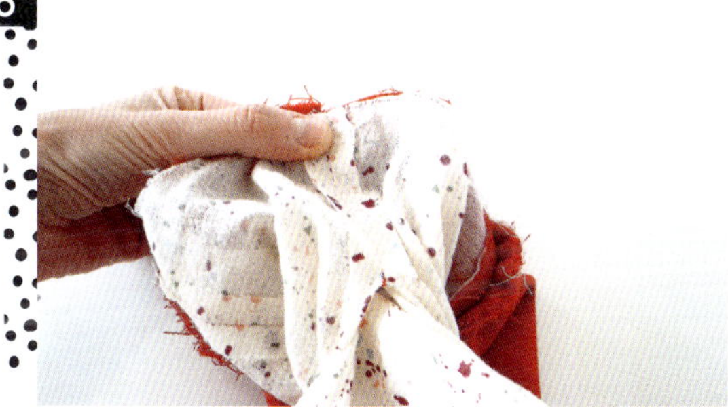

Eine Ärmelnaht des Futterärmels kantenbündig rechts auf rechts genau auf die entsprechende Naht des Oberstoffärmels legen. Die Hand wieder aus der Öffnung am Ärmel herausziehen, dabei den Ärmelsaum gut festhalten.

Mit 1 cm Nahtzugabe rings um die Unterkante des Ärmels steppen. Den Ärmel auf rechts wenden. Die Öffnung des Ärmelfutters mit einigen Stichen von Hand schließen. Ebenfalls von Hand den Ärmelbesatz mit einigen unsichtbaren Stichen auf der Innenseite befestigen.

OHNE FUTTER

MATERIAL 1 m Hauptstoff (Stoffbreite 1,40 m)
4 m vorgefalztes Schrägband (Breite 1 cm)
Bügeleinlage

SCHNITTTEILE Bogen I & J, rosa Linien.
Der Stoff wird im Stoffbruch gelegt.

SCHNITTTEIL	ZUSCHNEIDEN	NAHTZUGABEN HINZUFÜGEN
Besatz Halsausschnitt vorn	2x, mit Bügeleinlage verstärken	Ringsum 1 cm, außer an der Innenseite
Besatz Halsausschnitt hinten	1x im Stoffbruch, mit Bügeleinlage verstärken	Ringsum 1 cm, außer an Unterkante und Stoffbruch
Besatz Saum hinten	1x im Stoffbruch, mit Bügeleinlage verstärken	Ringsum 1 cm, außer an Oberkante und Stoffbruch

ZUSCHNEIDEPLAN

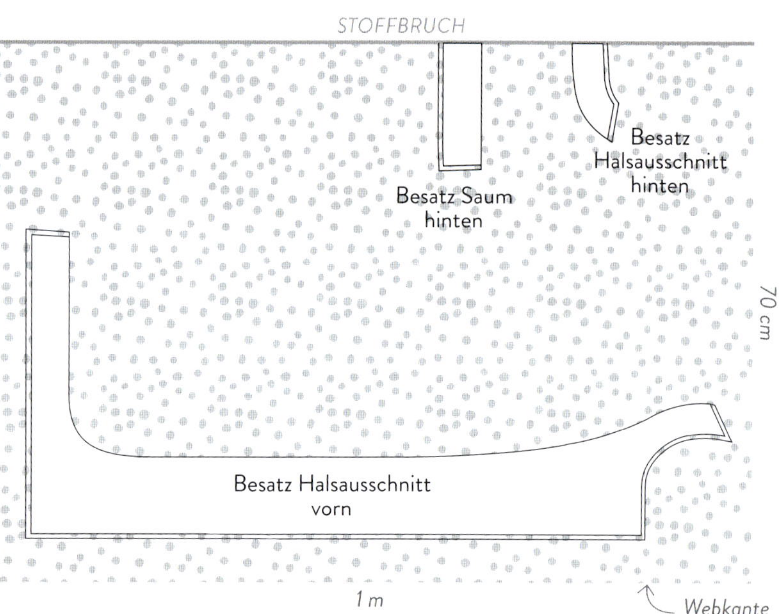

1

Die Besätze mit Bügeleinlage verstärken.

Den hinteren Halsausschnittbesatz an den Schultern kantenbündig rechts auf rechts an die vorderen Halsausschnittbesätze stecken. Mit 1 cm Nahtzugabe zusammensteppen, Nahtzugaben auseinanderbügeln.

2

Die Saumpartie des vorderen Besatzes und den hinteren Saumbesatz an der Schmalseite kantenbündig rechts auf rechts zusammenstecken. Dabei aufpassen, dass die Arbeit nicht verdreht liegt. Mit 1 cm Nahtzugabe zusammensteppen, Nahtzugaben auseinanderbügeln.

3

Die Innenkante der Besätze mit kontrastfarbigem Schrägband einfassen.

4

Die Besätze kantenbündig rechts auf rechts an den Mantel stecken. Die Seiten- und Schulternähte liegen genau aufeinander. Mit 1 cm Nahtzugabe an vorderer Mitte, Halsausschnitt und Saum feststeppen.

5

Die Naht auf der Besatzseite absteppen, dabei die Nahtzugaben mitfassen. Die abgesteppte Naht in vier Partien arbeiten: jeweils eine Steppnaht an der vorderen Mitte, eine am Halsausschnitt und eine am Saum.

Die Besätze an Schultern und Saum mit einigen Handstichen am Oberstoff befestigen.

6

Die Oberkante der Ärmelbesätze mit kontrastfarbigem Schrägband einfassen. Die Besätze mit einigen Stichen von Hand an der Innenseite des Ärmels befestigen.

NÄHTECHNIKEN

VOR BEGINN

Das Schnittmuster

Zu jeder Kreation gehören mehrere Schnittteile, die Sie abpausen müssen. Sie werden zum Zuschneiden benötigt und sind in sechs Konfektionsgrößen (34–44) verfügbar.
Manche Teile finden Sie auf den Bogen nur als halbe Schnittteile. Dann müssen Sie den Stoff zum Zuschneiden einmal falten und eine Kante des Schnittmusters an den Stoffbruch legen. Die Position des Stoffbruchs wird auf den entsprechenden Schnittteilen stets angegeben.

Abpausen eines Schnittmusters

Mithilfe von Schnittmusterpapier alle Schnittteile abpausen. Auf jedes Schnittteil sämtliche Angaben übertragen, die sich auf dem Schnittmusterbogen befinden: den Namen des Schnittteils, den Stoffbruch, die Einsetzzeichen für die Ärmel, Abnäher, Fadenlauf, Markierungen für die Taschen …
Die Zeichenerklärung für diese Angaben steht ebenfalls auf den Bogen.

Nahtzugaben

Die Schnittmuster in diesem Buch enthalten keine Nahtzugaben. Für die Nähte muss daher 1 cm zugegeben werden (außer an den Seiten, die an den Stoffbruch gelegt werden), am Saum 2 cm. In jeder Modellanleitung finden Sie eine Tabelle mit einer Übersicht über die erforderlichen Nahtzugaben.

Die Nahtzugaben können entweder vor dem Zuschneiden gleich auf dem Papier angefügt oder aber nach Aufstecken des Papierschnitts mit Schneiderkreide direkt auf den Stoff gezeichnet werden.

Stoffbreite

Zu jeder Anleitung wird die erforderliche Stoffmenge angegeben. Sie bezieht sich auf die Länge des Stoffes. Die Stoffbreite beträgt für alle Modelle 1,40 m; dies ist die Standardbreite für Bekleidungsstoffe. Falls Sie einen Stoff wählen, der schmaler oder breiter liegt, müssen Sie die benötigte Stoffmenge neu berechnen, indem Sie mithilfe der Übersicht des Zuschneideplans jedes Schnittteil in Ihrer Größe samt Nahtzugaben abmessen.

Den Fadenlauf beachten

Auf jedem Schnittteil ist der Fadenlauf eingezeichnet, dargestellt durch einen Pfeil. Der Fadenlauf entspricht der Webrichtung des Stoffes. Er verläuft parallel zur Webkante. Im Gegensatz dazu verläuft der schräge Fadenlauf diagonal zur Webrichtung. Teile, die im schrägen Fadenlauf zugeschnitten werden, sind dehnbarer.
Beim Zuschneiden des Stoffes unbedingt stets den Fadenlauf beachten, um Sitz und Fall Ihres Modells nicht zu verändern.

Zuschneiden des Stoffes

Zum Zuschneiden wird der Stoff im Stoffbruch gelegt.
Um dabei die Stoffmenge möglichst gut auszunutzen, faltet man den Stoff auf eine der beiden folgenden Arten:
Den Stoff einmal in der Mitte falten. Beide Webkanten liegen aufeinander; der Stoff liegt doppelt mit der rechten Stoffseite nach innen.
Den Stoff von beiden Seiten bis zur Mitte falten. Die beiden Webkanten treffen sich in der Mitte; die rechte Stoffseite liegt innen.

Zuschneidepläne

Zu jedem Projekt gehört ein Zuschneideplan, mit der Angabe, wie der Stoff zu falten ist und wie die einzelnen Schnittteile daraufgelegt werden.
Zum Zuschneiden jedes Teil des Schnittmusters gemäß dem Zuschneideplan auflegen und an beiden Stofflagen feststecken. Wenn Sie die Nahtzugaben am Schnittmuster angefügt haben, entlang der Außenkante zuschneiden. An Rundungen besonders vorsichtig schneiden und stets darauf achten, dass die Stofflagen beim Zuschneiden nicht verrutschen.

Abstecken

Vor dem Nähen mit der Maschine die Teile, die zusammengenäht werden sollen, stets zusammenstecken. Dazu beide Stofflagen kantenbündig legen und für eine gerade Naht etwa alle 5 cm, für eine Rundung alle 1 bis 2 cm eine Stecknadel stecken. Die Nadeln senkrecht zur Stoffkante stecken, und zwar mit dem Kopf zur Stoffkante, damit sie während des Nähens leichter wieder herausgezogen werden können.

WERKZEUG UND MATERIAL

Außer der Nähmaschine benötigen Sie zum Nähen einiges Zubehör, das im Kurzwarenhandel erhältlich ist.

1 STOFFSCHERE UND PAPIERSCHERE

Investieren Sie in eine gute Stoffschere und schneiden Sie damit ausschließlich Stoff. Verwenden Sie zum Schneiden von Papier stets eine andere Schere.

2 NÄHGARN UND SPULEN

Mit hochwertigem Nähgarn werden Ihre Nähte sauberer. Spulen sind meist im Zubehör der Nähmaschine enthalten.

3 SICHERHEITSNADELN

Diese sind sehr nützlich, um z. B. ein Gummiband oder eine Kordel in einen Tunnel einzuziehen.

4 HANDNÄHNADELN

An den gezeigten Modellen wird nur wenig von Hand genäht, doch Nähnadeln sind stets nützlich: zum Annähen von Knöpfen, zum Heften oder zum unauffälligen Schließen einer Öffnung.

5 NÄHMASCHINENNADELN

Nähmaschinennadeln gibt es in verschiedenen Arten und Stärken, die passend zur Stoffart ausgewählt werden.

6 STECKNADELN

Stecknadeln mit farbigen runden Köpfchen sind besser zu sehen und leichter zu stecken. Für manche feinen Stoffe können Sie auch besonders dünne Stecknadeln verwenden.

7 SCHNEIDERKREIDE

Mit Schneiderkreide können Sie Markierungen auf dem Schnittmuster direkt auf den Stoff übertragen, z. B. Abnäher oder Passzeichen. Die Kreide ist auswaschbar. Es gibt auch Textilstifte, die sich durch Bügeln entfernen lassen.

8 SAUMMASS

Mit diesem kleinen Hilfsmittel können Sie schnell kurze Strecken von wenigen Zentimetern – etwa an einem Saum – messen, ohne mit dem langen Lineal zu hantieren.

9 PASPELBAND UND SCHRÄGBAND

Diese sind im Kurzwarenhadel in zahlreichen Farben und Motiven erhältlich. Sie werden häufig für dekorative und saubere Kantenabschlüsse verwendet.

10 NAHTTRENNER

Dieses Werkzeug ist meist im Zubehör der Nähmaschine enthalten. Es ist ideal zum Aufschneiden von Knopflöchern, zum Entfernen von Kräuselfäden, aber auch zum Auftrennen misslungener Nähte!

11 MASSBAND

Ein flexibles, 150 cm langes Maßband können Sie sich wie die Profis um den Hals hängen – stets griffbereit!

12 BÜGELEINLAGE

Bügeleinlage ist eine Einlage zum Aufbügeln, mit der bestimmte Partien, etwa ein Taillenbund, ein Besatz oder ein Kragen, verstärkt werden können.

13 SET FÜR BEZIEHBARE KNÖPFE

Wenn Sie genau zum Stoff passende Knöpfe haben wollen, benötigen Sie zum Beziehen eine spezielle Presse.

14 SCHRÄGBANDFORMER

Mit diesem Werkzeug können Sie aus beliebigem Stoff selbst Schrägband herstellen.

15 WENDENADEL

Diese Nadel dient zum Wenden von Bindebändern.

16 BÜGELEISEN

Unverzichtbar beim Nähen! Während des Nähens die Arbeit immer wieder bügeln, damit sie ganz exakt wird.

1 STOFFMESSLINEAL

Ein Lineal mit Raster, sehr praktisch zum Anzeichnen von Nahtzugaben.

2 SCHNITTMUSTERPAPIER

Diese Art Papier dient zum Abpausen der Schnittmuster und ist im Kurzwarenhandel oder Bastelbedarf erhältlich. Es muss dünnes Papier wie Seidenpapier sein, damit es transparent genug ist.

3 KURVENSCHABLONE UND KURVENLINEAL

Diese werden zum Abändern von Schnittmustern und Nachzeichnen von Rundungen benötigt.

4 KLEBEBAND

Bei der Abwandlung eines Schnittmusters werden die Schnittteile durchgeschnitten und auf einem neuen Bogen Papier aufgeklebt, um sie anzupassen.

NÄHEN MIT DER NÄHMASCHINE

1

Den Stoff unter den Nähfuß legen und diesen absenken. Die Nadel der Maschine muss 1 cm neben der Stoffkante positioniert sein, damit die am Schnittmuster zugefügte Nahtzugabe eingehalten wird. Der Oberfaden wird durch den Nähfuß geführt und zusammen mit dem Unterfaden nach hinten gelegt.

2

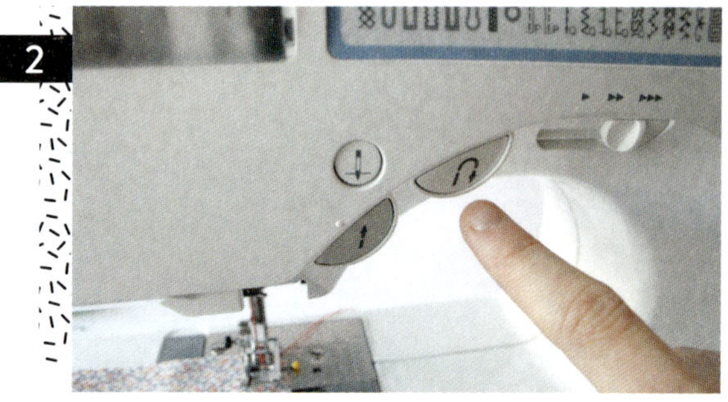

Zu Beginn einer Naht 3 oder 4 Stiche rückwärts nähen (Rückstiche), um den Nahtanfang zu sichern und zu verstärken.

3

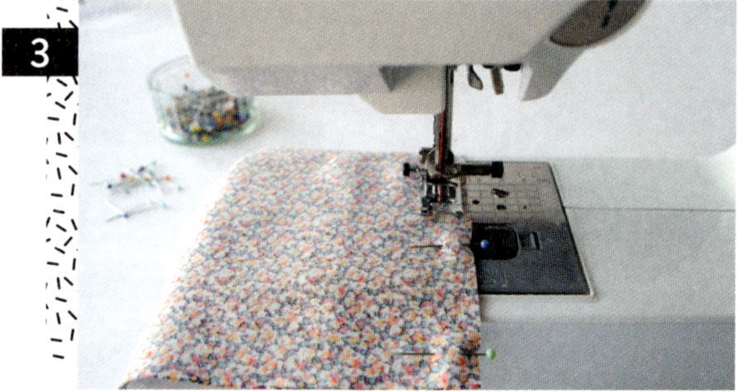

Zum Zusammennähen den Geradstich (Steppstich) wählen und vorwärtsnähen. Um gerade zu nähen, nicht auf die Nadel schauen, sondern die Stoffkante an einer Markierung auf dem Nähfuß oder der Stichplatte entlangführen, sodass genau 1 cm Nahtzugabe entsteht. Den Stoff weder schieben noch ziehen, da er vom Transporteur der Maschine befördert wird. Sie müssen ihn lediglich nach links oder rechts dirigieren (z. B. an Rundungen).

4

Das Nahtende mit 3 oder 4 Rückstichen sichern. Nahtbeginn und -ende werden stets durch einige Rückstiche verstärkt.

Die Fäden knapp an der Naht abschneiden, am besten sofort nach jeder beendeten Naht.

Auswahl von Nadeltyp und Nadelstärke

Für saubere Nähte muss die Nähnadel zum verwendeten Stoff passen. Es gibt verschiedene Nadelstärken – von 60 bis 120. Die Stärke 60 eignet sich für besonders dünne Stoffe, während die Stärke 120 vorwiegend für dicke Stoffe oder zum Nähen mehrerer Stofflagen verwendet wird. Zur Auswahl der geeigneten Nadel vor Beginn eines Nähprojekts an einem Rest des verwendeten Stoffes Probe nähen. Im Fachhandel sind auch spezielle Jersey- oder Ledernadeln erhältlich.

EINEN SAUM NÄHEN

Gerader Saum

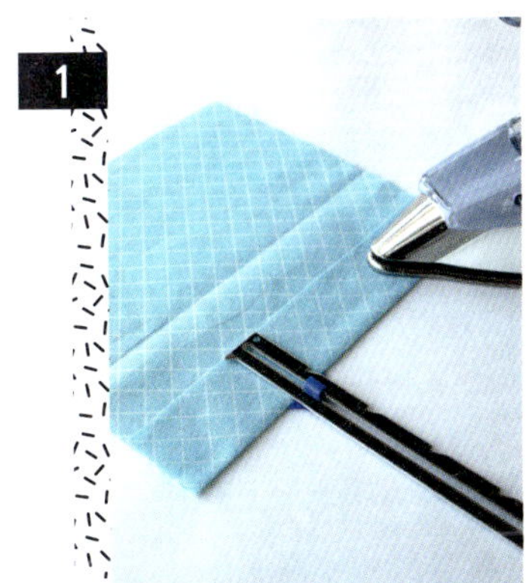

1 Mithilfe eines Saummaßes den Saum 3 cm nach innen umbügeln (wenn die vorgesehene Nahtzugabe 3 cm beträgt).

2 Den Stoff wieder auffalten, die Stoffkante auf den Umbruch legen und den Saum nochmals nach innen umschlagen.

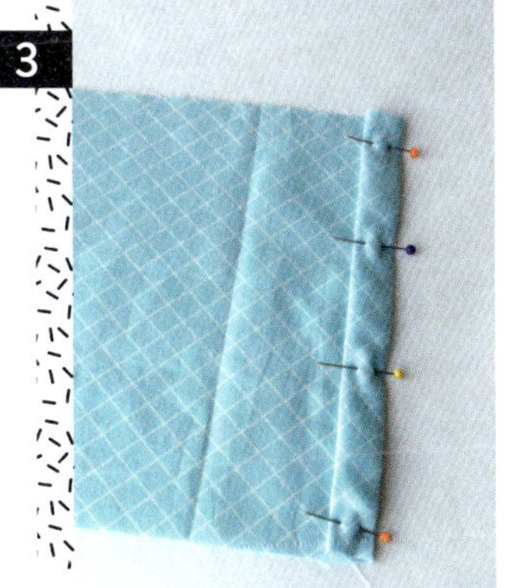

3 Alle 5 cm abstecken. Die Stecknadeln senkrecht zur Stoffkante stecken.

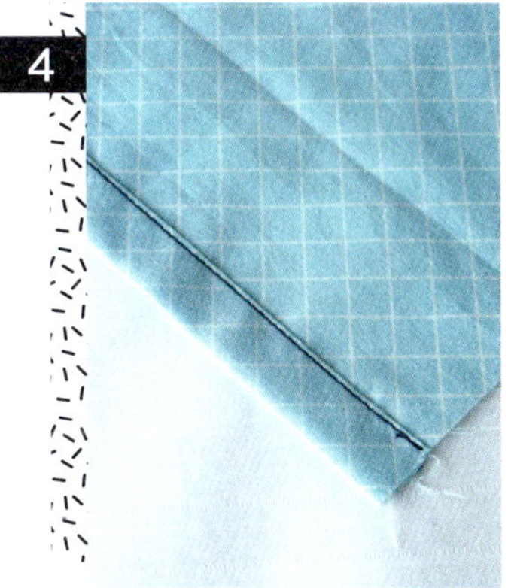

4 Den Saum von links etwa 1,3 cm vom Rand entfernt feststeppen. Nahtbeginn und -ende mit einigen Rückstichen sichern. Die Saumnaht an einer Seite beginnen, nicht in der vorderen oder rückwärtigen Mitte.

Abgerundeter Saum

1 Mit 1 cm Nahtzugabe am gesamten Saum entlang eine Naht steppen.

2 Die Stoffkante so nach innen umbügeln, dass der Falz die Naht verdeckt.

3 Die Nahtzugabe ringsum auf 3 mm ab der Naht zurückschneiden.

4 Nochmals 3 mm nach innen umschlagen und dicht am inneren Umbruch feststeppen.

ABNÄHER

Abnäher dienen dazu, ein Kleidungsstück besser an die Figur anzupassen. In der Regel sitzen sie an Brust und Taille.

Abnäher vom Schnittmuster auf den Stoff übertragen

1

In der Regel sind die Abnäher an einem Kleidungsstück symmetrisch. Die beiden Stofflagen rechts auf rechts legen und das Schnittmuster mit dem Abnäher auf den Stoff stecken. Am Abnäher drei Stecknadeln verwenden, eine an der Spitze und zwei am Ansatz der Abnäherschenkel.

2

Die Arbeit wenden und die Position der Stecknadeln mit Schneiderkreide oder Textilstift markieren.

3

Die Stecknadeln entfernen und zum Einzeichnen des Abnähers die drei Punkte verbinden.

4

Das Schnittmuster entfernen, die beiden Stofflagen rechts auf rechts liegen lassen. An den bereits eingezeichneten drei Enden des Abnähers je eine Stecknadel stecken.

5

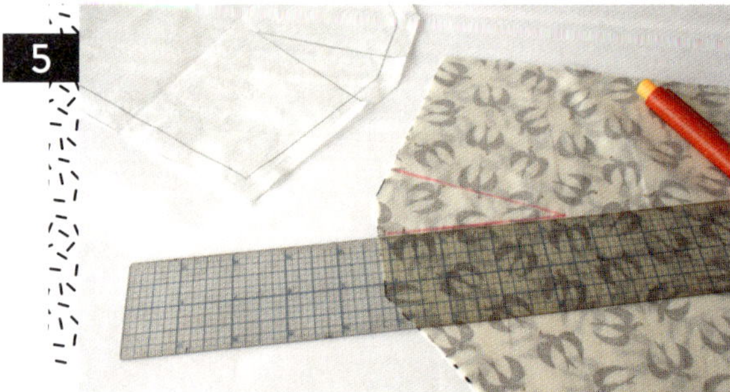

Den Abnäher auf der anderen Seite einzeichnen: Die Position der Stecknadeln mit Kreide markieren und die Punkte verbinden.

6

Genau durch die Mitte beider Abnäher eine gerade Linie ziehen.

Abnäher nähen

1

Den Abnäher an der Mittellinie falten und genau auf den Abnäherschenkeln abstecken.

2

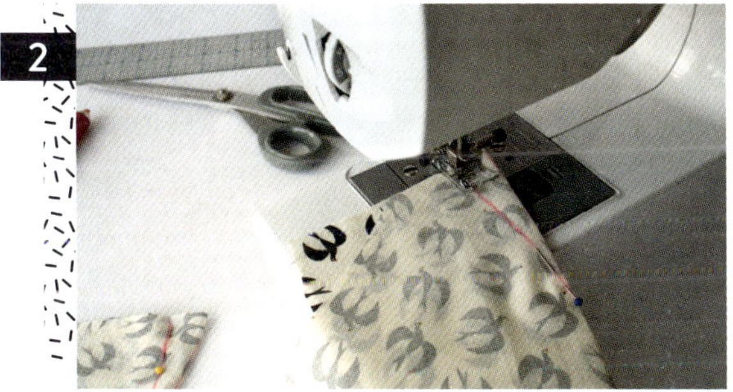

Den Abnäher vom Ansatz bis zur Spitze steppen. Den Nahtbeginn mit Rückstichen sichern, das Nahtende jedoch nicht.

3

An der Abnäherspitze Ober- und Unterfaden verknoten. Der Knoten muss möglichst dicht am Stoff sitzen, darf jedoch nicht so fest angezogen werden, dass sich im Stoff Falten bilden.

4

Die Abnäher bügeln: Brustabnäher nach unten umbügeln, Taillenabnäher nach außen.

SCHRÄGBAND ANNÄHEN

Sichtbare Schrägbandeinfassung

1

Das Schrägband auffalten.

2

Die Stoffkante genau an den mittleren Falz des Schrägbands legen.

3

Das Schrägband schließen und feststecken.

4

0,8 cm vom Rand entfernt zusammensteppen.

Unsichtbare Schrägbandeinfassung

Das Schrägband auffalten und kantenbündig auf die rechte Stoffseite stecken.

Mit 1 cm Nahtzugabe im mittleren Falz des Schrägbands feststeppen. Nahtzugaben von Stoff und Schrägband auf 2 mm zurückschneiden.

Das Schrägband so auf die linke Stoffseite umschlagen, dass der Falz die Naht verdeckt.

Von links 0,8 cm vom Rand entfernt feststeppen. Diese Naht muss ganz gleichmäßig werden, da man sie von außen sieht.

NÄHEN VON FEINEN STOFFEN

Zuschneiden

Dieser erste Schritt ist bei feinen Stoffen von besonderer Wichtigkeit. Wenn der Stoff nicht gut zugeschnitten wird, sitzt das Modell später nicht wie gewünscht.

1 Den Fadenlauf beachten

Bereits beim Kauf darauf achten, dass der Stoff im Fadenlauf geschnitten wird. Am besten wird er nicht mit der Schere geschnitten, sondern gerissen.

- Die Webkante ein kleines Stück einschneiden
- An dieser Stelle ziehen, um den Stoff abzureißen.

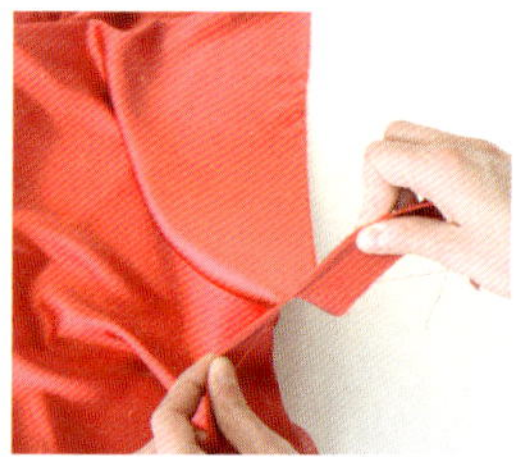

2 Stärken

Durch Wäschestärke wird der Stoff zum Zuschneiden und Nähen stabiler. Bei der anschließenden Wäsche wird die Stärke wieder ausgewaschen.

3 Den Stoff auf eine rutschfeste Unterlage legen oder ein Laken über den Tisch legen.

Ist der Stoff sehr rutschig, wird er am besten auf einer rutschfesten Unterlage zugeschnitten. Dazu können Sie den Zuschneidetisch mit Stoff abdecken. Aufpassen, dass Sie diesen nicht mit einschneiden!

4 Schnittteil und Stoff gleichzeitig zuschneiden

Um den Stoff ganz präzise zuzuschneiden, die Schnittteile vor dem Aufstecken nicht ausschneiden, sondern mit Rand aufstecken und gleichzeitig mit dem Stoff zuschneiden. Dünnes Seidenpapier verwenden, damit die Stoffschere nicht stumpf wird. Sie können auch mit einem Rollschneider auf einer Zuschneidematte zuschneiden.

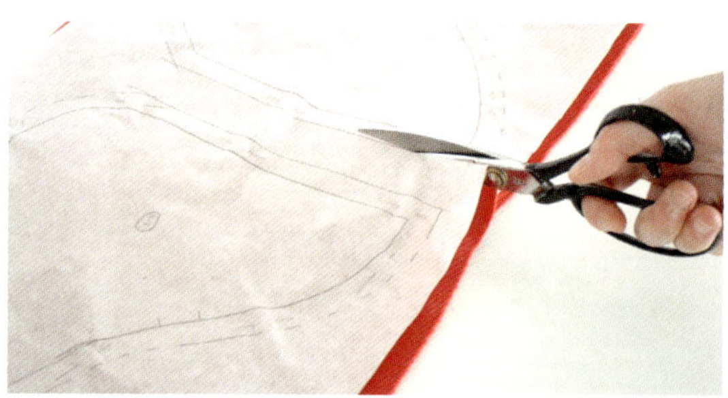

Verstärken

Im Schrägschnitt zugeschnittene Partien (V-Ausschnitt, schräger Rückenausschnitt) mit Nahtband zum Aufbügeln verstärken, damit die Kanten schön anliegen und sich nicht ausdehnen.

Nähen

1 Für Seide spezielles Nähgarn verwenden. Ein edler Stoff verdient ein hochwertiges Nähgarn! Sparen Sie hier nicht an der Qualität, damit Ihre Nähte akkurat werden.

2 Stecknadeln und Nähmaschinennadeln passend zum Stoff auswählen.

In feinen, fließenden Stoffen hinterlassen Stecknadeln leicht Spuren. Verwenden Sie ganz dünne Nadeln, die den Stoff nicht beschädigen. Auch zum Nähen eine sehr dünne Nadel (Stärke 60 oder 70) verwenden.

3 Falls nötig, beim Nähen Seidenpapier unterlegen.

Um die Naht zu stabilisieren und zu verhindern, dass die Zähnchen des Transporteurs den Stoff beschädigen, beim Nähen ein Stück Seidenpapier unter den Stoff legen.

4 An einem Stoffrest Probe nähen

Vor dem Zuschneiden und Nähen eines edlen Stoffes arbeitet man am besten an einem Stoffrest eine Probe, um die richtige Nadelstärke, die beste Zuschneidetechnik, das Stärken etc. zu testen.

NAHTVERDECKTER REISSVERSCHLUSS

1

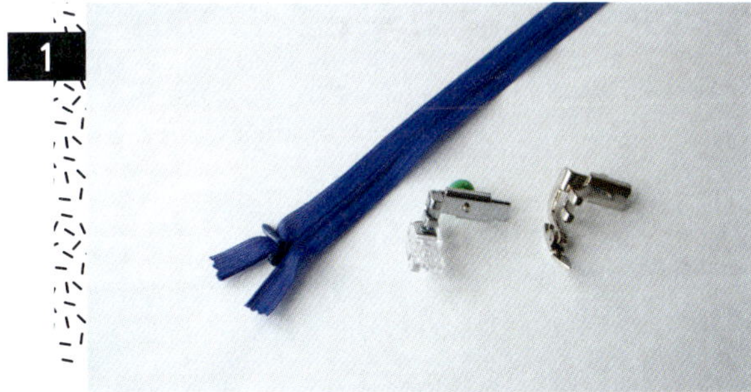

Für diese Technik werden zwei Spezial-Nähfüße benötigt: ein nahtverdeckter Reißverschlussfuß und ein verstellbarer Paspelfuß. Im Fachhandel nachfragen, welche Nähfüße für Ihre Nähmaschine geeignet sind.

2

Eine Seite des Reißverschlusses kantenbündig rechts auf rechts auf den Stoff stecken. Den Reißverschluss öffnen.

3

Mit dem nahtverdeckten Reißverschlussfuß ganz langsam möglichst dicht an der Zahnkante feststeppen.

4

Die Schritte auf der anderen Reißverschlussseite wiederholen. Vor dem Nähen den Reißverschluss schließen, um sicherzugehen, dass er richtig herum liegt.

5

Mit dem verstellbaren Paspelfuß die Naht oberhalb und unterhalb des Reißverschlusses schließen. Diese Naht ist knifflig, daher sehr exakt arbeiten. Es muss bis möglichst dicht an die Reißverschlussenden genäht werden, ohne diese jedoch mitzufassen.

6

Nahtzugaben auseinanderbügeln. Dabei nicht direkt über den Reißverschluss bügeln, damit die Zähne nicht schmelzen.

TIPP

Falls Sie keinen Reißverschluss in der passenden Länge bekommen, können Sie einen längeren kaufen. Diesen von oben beginnend bis zur angegebenen Länge einnähen. Die überstehende Länge verriegeln und abschneiden.

BEZUGSQUELLEN

Verlag und Autorin danken Stragier und Atelier Brunette für die stetige Unterstützung der Projekte und die Bereitstellung ihrer wunderschönen Stoffe!

Die Stoffe von Stragier sind über die Internetseite www.stragier.com erhältlich.

KLEIDER UND JUMPSUITS

Kreation 2 (S. 14-15): Liberty Tana Lawn Capel

Kreation 5 (S. 20-21): Liberty Tana Lawn Swirling Petals

Kreation 6 (S. 22-23): Weicher karierter Baumwolltwill, Framboise

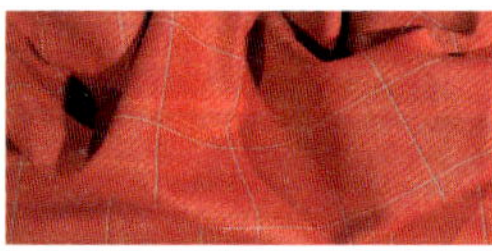

Kreation 8 (S. 26-27): Tencel gewaschen, Coquelicot

BLUSEN

Kreation 1 (S. 60): Tencel gewaschen, Rose œillet

Kreation 5 (S. 64): Gestreifte Popeline, Azur

Kreation 6 (S. 65): Plumetis-Baumwollbatist, Ivoire

RÖCKE

Kreation 1 (S. 96): Leichter Baumwollserge, Citron

Kreation 2 (S. 97): Leichter Baumwollserge, Bleu Roi

Kreation 4 (S. 99): Karierter Wollstoff, Marine-Rosé

Kreation 6 (S. 101): Schottenkaro, reine Wolle, Tweedside

JACKEN UND MÄNTEL

Kreation 1 (S. 128-129): Wasserdichter Baumwollstoff, Caramel

Kreation 2 (S. 130-131): Doppel-Wollkrepp, Cerise

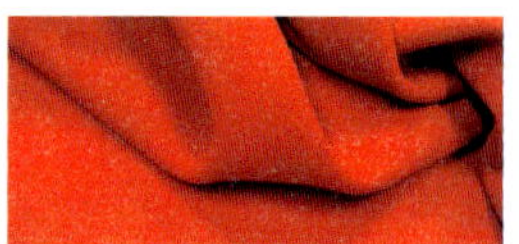

Atelier Brunette

Die Stoffe von Atelier Brunette sind im Onlineshop unter www.atelierbrunette.com erhältlich, außerdem bei www.juni-design.com, www.perlesandco.de, www.elsbethundich.de, www.lottiklein.de.

KLEIDER UND JUMPSUITS

Kreation 1 (S. 12-13): Viskosekrepp, Forest

Kreation 3 (S. 16-17): Viskose, Moonstone Blue

Kreation 4 (S. 18-19): Viskosekrepp, Midnight

Kreation 7 (S. 24-25): Viskosekrepp, Mustard

BLUSEN

Kreation 2 (S. 61): Doppel-Baumwollgaze, Stardust Forest

Kreation 3 (S. 62): Viskose, Moonstone Pink

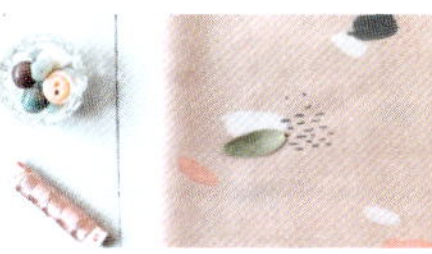

Kreation 4 (S. 63): Baumwollgaze, Terrazzo Night

RÖCKE

Kreation 3 (S. 98): Viskosekrepp, Terracotta

Kreation 5 (S. 100): Jacquard, Shimmer Chic

JACKEN UND MÄNTEL

Kreation 2 (S. 130-131): Baumwollgaze, Terrazzo Shell

Kreation 4 (S. 134-135): Jacquard, Shimmer Chic

DANK DER AUTORIN

Danke! Mein erster Gedanke gilt meinen nähbegeisterten Leserinnen, deren Kreationen ich immer mit großer Freude in den sozialen Netzwerken entdecke. Ich hoffe, auch dieses neue Buch wird Sie bei Ihren künftigen Nähprojekten inspirieren.
Ein Buch ist echte Teamarbeit. Daher möchte ich meiner Herausgeberin Mélanie Jean für ihr immer wieder neues Vertrauen danken. Ebenfalls danke an das ganze Team von Mango, das an diesem Buch mitgewirkt hat.
Nicht zu vergessen natürlich die Stoffhäuser Atelier Brunette und Stragier, deren Stoffe mich bei jedem meiner Werke inspirieren. Danke an Annabelle und Nicolas für ihre Treue!

DANK DER STYLISTIN

Die Stylistin bedankt sich herzlich bei Blou.
www.blou-paris.fr

DANK DER HERAUSGEBERIN

Das gesamte Team bedankt sich bei Marie und Marie-Camille, die für dieses Buch Modell gestanden haben.

Die französischsprachige Ausgabe dieses Buches erschien 2018 unter dem Titel *Ma garde-robe sur-mesure* bei Mango.

www.mangoeditions.com

Fotos: Nathalie Carnet
Styling: Marie Mersier

Aus dem Französischen von der MCS Schabert GmbH, München, – www.mcs-schabert.de – unter Mitarbeit von Kartrin Marburger (Übersetzung).

Bibliografische Information der Deutschen Nationalbibliothek
Die Deutsche Nationalbibliothek verzeichnet diese Publikation in der Deutschen Nationalbibliografie; detaillierte bibliografische Daten sind im Internet über http://dnb.dnb.de abrufbar.

Printed in Lithuania

www.stiebner.com

ISBN-13: 978-3-8307-2075-1

Wir produzieren unsere Bücher mit großer Sorgfalt und Genauigkeit. Trotzdem lässt es sich nicht ausschließen, dass uns in Einzelfällen Fehler passieren. Unter www.stiebner.com/errata/2075-1.html finden Sie eventuelle Hinweise und Korrekturen zu diesem Titel. Möglicherweise sind die Korrekturen in Ihrer Ausgabe bereits ausgeführt, da wir vor jeder neuen Auflage bekannte Fehler korrigieren. Sollten Sie in diesem Buch einen Fehler finden, so bitten wir um einen Hinweis an verlag@stiebner.com. Für solche Hinweise sind wir sehr dankbar, denn sie helfen uns, unsere Bücher zu verbessern.